essentials

Essentials liefern aktuelles Wissen in konzentrierter Form. Die Essenz dessen, worauf es als „State-of-the-Art" in der gegenwärtigen Fachdiskussion oder in der Praxis ankommt. Essentials informieren schnell, unkompliziert und verständlich

- als Einführung in ein aktuelles Thema aus Ihrem Fachgebiet
- als Einstieg in ein für Sie noch unbekanntes Themenfeld
- als Einblick, um zum Thema mitreden zu können.

Die Bücher in elektronischer und gedruckter Form bringen das Expertenwissen von Springer-Fachautoren kompakt zur Darstellung. Sie sind besonders für die Nutzung als eBook auf Tablet-PCs, eBook-Readern und Smartphones geeignet.

Essentials: Wissensbausteine aus den Wirtschafts, Sozial- und Geisteswissenschaften, aus Technik und Naturwissenschaften sowie aus Medizin, Psychologie und Gesundheitsberufen. Von renommierten Autoren aller Springer-Verlagsmarken.

Marko Tosic

Apps für KMU

Praktisches Hintergrundwissen für Unternehmer

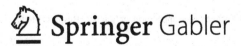 Springer Gabler

Marko Tosic
Geschäftsführer TheAppGuys GmbH
Wilhelm-Mauser-Str. 14–16
50827 Köln
Deutschland
tosic@theappguys.de

ISSN 2197-6708   ISSN 2197-6716 (electronic)
essentials
ISBN 978-3-658-10536-5   ISBN 978-3-658-10537-2 (eBook)
DOI 10.1007/978-3-658-10537-2

Die Deutsche Nationalbibliothek verzeichnet diese Publikation in der Deutschen Nationalbibliografie; detaillierte bibliografische Daten sind im Internet über http://dnb.d-nb.de abrufbar.

Springer Gabler
© Springer Fachmedien Wiesbaden 2015

Gedruckt auf säurefreiem und chlorfrei gebleichtem Papier

Springer Fachmedien Wiesbaden ist Teil der Fachverlagsgruppe Springer Science+Business Media (www.springer.com)

Was Sie in diesem Essential finden können

- Basiswissen zu Technik und Einsatzgebieten von Apps
- Umfassende Übersicht über den aktuellen App-Markt
- Praktische Tipps zur konkreten Anwendung in KMU
- Umfangreiche Einblicke in das Pontenzial von Apps als Wettbewerbsvorteil
- Ausführliche Hintergrundinformationen zur App-Entwicklung

Vorwort

Der digitale Wandel ist auf ganzer Linie im Wirtschaftsleben angekommen. Vor allem die traditionellen Geschäftsmodelle mittelständischer Unternehmen stehen dadurch zunehmend unter Druck. Um langfristig das eigene Überleben zu sichern, müssen sie sich an den kontinuierlich verändernden Markt anpassen. Dazu gilt es für den Mittelstand nun, das weite Feld der modernen Mobiltechnologie für sich zu entdecken und auszunutzen. Um das darin versteckte Potenzial zu bergen, sollte man sich jedoch vor dem Start ins „Abenteuer App" über einige wichtige Dinge klar werden. Wie zum Beispiel: Welchen Zweck soll meine App erfüllen, welche Ziele möchte ich damit verfolgen und wie finde ich eigentlich den richtigen Dienstleister? Finden Sie eine Fülle von Antworten zu diesen und vielen weiteren Fragen rund um das Thema Apps für KMU auf den folgenden Seiten.

Inhaltsverzeichnis

Einleitung 1

Von vielen Seiten wird dem deutschen Mittelstand beim Einsatz von Mobiltechnologien tiefster Dornröschenschlaf nachgesagt. Und das völlig unabhängig von der Branche. Diese Zurückhaltung ist jedoch zum Großteil weniger ein Zeichen von Ignoranz oder Desinteresse. Vielmehr mangelt es vielen Unternehmern nur an ausreichender Kenntnis, wie man Apps gewinnbringend für das eigene Geschäftsmodell einsetzen kann. Dank umfangreicher Funktionen moderner Endgeräte wie Bewegungssensoren und Kameras ist die Bandbreite möglicher Anwendungen schier endlos. Neben der Frage nach dem „Wie" versucht das vorliegende Buch jedoch vor allem eine klare Antwort darauf zu geben, welche Voraussetzungen erfüllt sein müssen, damit der Einsatz einer App für KMU überhaupt sinnvoll ist. Neben fundiertem Basiswissen zu gängigen Technologien gibt das Buch eine Übersicht über den aktuellen App-Markt und zeigt das große Potenzial von Apps als Wettbewerbsvorteil auf. Zu guter Letzt finden Sie hier einen konkreten Leitfaden, wie Sie die Entwicklung Ihrer App ideal vorbereiten, den geeigneten Dienstleister finden und mit diesem Ihr Produkt optimal vermarkten.

© Springer Fachmedien Wiesbaden 2015   1
M. Tosic, *Apps für KMU*, essentials, DOI 10.1007/978-3-658-10537-2_1

Begriffsklärung 2

Der Begriff „App" ist sowohl in der Literatur als auch im alltäglichen Sprachgebrauch, nicht zuletzt durch die Bemühungen der Marketing-Abteilungen von Software-Herstellern, nicht eindeutig definiert.

So werden auf der einen Seite Anwendungen für Smartphones als „Apps" bezeichnet, auf der anderen Seiten gehen immer mehr Software-Hersteller dazu über, ihre Anwendungen für Desktop-Computer ebenfalls „Apps" zu nennen. Auf Mac OS X gibt es seit einiger Zeit den „Mac App Store" und unter Windows heißt dieser „Apps für Windows".

In diesem Buch wird der App-Begriff etwas enger gefasst, nämlich im Sinne von „Mobile App", sprich: Apps, die auf Smartphones laufen.

Smartphones zeichnen sich in der Regel durch folgende Eigenschaften aus:

- rechenstarker Prozessor
- berührungsempfindliches Farbdisplay mit hoher Auflösung, der „Touchscreen"
- Internetverbindung, auch mobil z. B. durch 3G-Netz, UMTS oder LTE
- Sensoren für Himmelsrichtung, Ort, Bewegung und Rotation (Gyroskop)
- Möglichkeit, Software in Form von Apps über einen geeigneten Mechanismus auf das Gerät zu laden.

Dabei müssen nicht immer alle Eigenschaften gleichzeitig vorhanden sein. Insbesondere bei den Sensoren gibt es große Unterschiede in ihrem Vorhandensein und in der Qualität, in der Regel vom Gerätepreis abhängig.

Neben den Smartphones gibt es noch die verwandte Gruppe der Tablet-Computer oder „Tablets". Diese haben in der Regel einen größeren Bildschirm und die notwendige Hardware für mobiles Internet, nicht immer kann man damit auch telefonieren. Tablets verfügen technisch über sehr viele Gemeinsamkeiten mit Smartphones, wodurch sie auch für Apps relevant werden. Weiterhin ist der größere

© Springer Fachmedien Wiesbaden 2015
M. Tosic, *Apps für KMU*, essentials, DOI 10.1007/978-3-658-10537-2_2

Touchscreen für viele Anwendungen von Vorteil, so dass es durchaus sinnvoll sein kann, Apps speziell für Tablets bereitzustellen. Der aktuelle Trend ist, dass Smartphones immer größer werden und Tablets mitunter kleiner, so dass die Grenze immer weiter verwischt. Für die Geräte zwischen den beiden Größenfaktoren hat sich das Kunstwort „Phablet" (zusammengesetzt aus „Phone" und „Tablet") etabliert. Davon unterschieden werden die „Feature Phones", d. h. einfachere Mobiltelefone, wie man sie von früher kennt und die in vielen Teilen der Welt noch weit verbreitet sind. Ihre Eigenschaften sind vergleichsweise begrenzt und können insbesondere nicht, oder nur in sehr begrenztem Maße, durch den Download von Apps erweitert werden. In der Regel haben Smartphones alle Eigenschaften der Feature-Phones ebenfalls:

- Telefonie
- SMS-Empfang und -Versand
- verschiedene Klingeltöne, teilweise polyphon
- einfache (vorinstallierte) Spiele
- weitere Tools, wie z. B. Taschenrechner

Die meisten Smartphones bieten diese Möglichkeiten von Hause aus in Form von vorinstallierten Apps an. So ist beispielweise das Telefonieren beim iPhone ebenfalls als vorinstallierte App realisiert.

Die Smartphones der verschiedenen Hersteller setzen unterschiedliche Betriebssysteme ein, um die diversen Dienste zur Verfügung zu stellen. So kommt beispielsweise bei Apple Smartphones und Tablets das Betriebssystem iOS zum Einsatz. Bei Android-Geräten ist es das gleichnamige Betriebssystem.

2.1 iOS

Bei Smartphones und Tablets des Herstellers Apple kommt einheitlich das Betriebssystem iOS zum Einsatz. In der Regel wird einmal pro Jahr eine neue Version für die Benutzer zur Verfügung gestellt, wobei die Adaptionsrate sehr hoch ist. Mit jeder neuen Version kommen neue Funktionen hinzu, die in Apps eingesetzt werden können. Es lohnt sich daher unter Umständen, sich mit den hinzugekommenen Funktionen der aktuellen Version zu beschäftigen und zu evaluieren, ob diese in der eigenen App eingesetzt werden können. Auf diese Weise ist es möglich, ganz vorne auf der Welle mitzuschwimmen und sich von den Wettbewerbern abzusetzen.

2.2   Android

Das Betriebssystem Android kommt bei vielen unterschiedlichen Geräteherstellern zum Einsatz. Die Entwicklung wird von der Open Handset Alliance vorangetrieben, die von Google zu diesem Zweck gegründet wurde. Das Betriebssystem besteht aus einer freien, quelloffenen Software, die für Hersteller sehr attraktiv ist, da sie ein solides Basis-System zum Nulltarif bekommen.

Die meisten Hersteller belassen es allerdings nicht bei der als „Vanilla Android" bezeichneten Originalversion, sondern setzen darauf auf und erweitern es um das jeweilige Branding und zusätzliche Funktionen als Alleinstellungsmerkmal. Was auf der einen Seite gut für den Kunden ist, ist auf der anderen Seite ein Ärgernis in der Entwicklung von Apps, denn diese müssen nun auf den verschiedenen, angepassten Versionen auch getestet werden. Beispielsweise ist das Verhalten einzelner Standard-Dialoge wie etwa die Datumseingabe von manchen Herstellern derart modifiziert, dass diese in manchen Apps nicht ohne Mehraufwand funktionieren.

Hinzu kommt, dass beim Release einer neuen Betriebssystemversion diese den Benutzern unter Umständen nicht sofort zur Verfügung steht, da die Gerätehersteller diese erst noch modifizieren müssen. Manchmal führt dies sogar dazu, dass einzelne Geräte gar kein Update mehr bekommen.

2.3   Windows Phone

Als dritte Kraft hat sich Windows Phone etabliert, welches 2010 ins Rampenlicht trat. Sein Alleinstellungsmerkmal war zu dieser Zeit die besonders „flache" Darstellung der Benutzeroberfläche, die weitgehend ohne Farbverläufe auskommt und auf „visuelle Metaphern" wie beispielsweise die originalgetreue Darstellung des Kalenders als Ringbuch verzichtet. Mittlerweile sind die anderen Hersteller auf den Zug aufgesprungen und haben ihre Benutzeroberflächen entsprechend angepasst.

Bei dem Betriebssystem Windows Phone 7 handelt es sich um eine komplette Neuentwicklung und nicht, wie die Nummerierung vermuten lässt, um eine Weiterentwicklung von Windows Mobile 6.5. Dies hatte zur Folge, dass auch auf Anwendungsebene keine Kompatibilität herrschte. Wechselten die User auf das neue System, konnten sie ihre Apps nicht weiter nutzen. Entsprechend schleppend lief der Verkauf an. Erst die Partnerschaft mit Nokia in 2011 brachte etwas Bewegung in die Sache. Seitdem ist Nokias Handy-Sparte von Microsoft übernommen worden.

Bei allen Ähnlichkeiten, die die verschiedenen Plattformen auf den ersten Blick vereinen, darf jedoch nicht vergessen werden, dass es sich prinzipiell um grundverschiedene Systeme für unterschiedliche Zielgruppen handelt. Grob vereinfacht ausgedrückt, findet man Apple Geräte tendenziell eher bei design-affinen Konsumenten, Android eher bei technikinteressierten Nutzern und Windows Phone im Office-Bereich.

► Wenn Sie sich Gedanken machen, welche Plattformen für Ihre App infrage kommen, betrachten Sie nicht nur die reinen Marktanteile der Plattformen. Denken Sie stattdessen über die Zielgruppe Ihrer App nach und welches Smartphone diese am ehesten einsetzen würde.

Klassifizierung von Apps 3

Nicht alle Apps werden auf dieselbe Art und Weise und mit denselben Werkzeugen erstellt. Je nachdem, welcher Weg gewählt wird, um die App zu erstellen, ergeben sich prinzipielle Vor- und Nachteile, die im Nachhinein nur sehr aufwendig geändert werden können.

Ein Beispiel ist die Facebook App. Diese wurde ursprünglich als Web App umgesetzt, später dann aber als Native App neu erstellt. Da nicht jeder, insbesondere in kleinen und mittelständischen Unternehmen, die Ressourcen von Facebook zur Verfügung hat, lohnt es sich, bereits im Vorfeld zu überlegen, welche Art am sinnvollsten für das jeweilige Unternehmen ist.

Um eine wohlinformierte Entscheidung treffen zu können, werden im Folgenden die wichtigsten Umsetzungsarten dargestellt. Die Überschneidungen sind in Abb. 3.1 zusammengefasst.

3.1 Web Apps

Die wenigsten mittelständischen Unternehmen kommen aktuell im Marketing ohne Webseite aus. Wer so eine Internetpräsenz hat, benutzt bereits die Technologien, auf denen Web Apps aufsetzen. Ebenso wie die Webseite, läuft die Web App über einen Web-Server. Der Inhalt wird in Form von HTML-Seiten bereitgestellt, das Layout ist mit CSS gestaltet. Für die Benutzer-Interaktion kommt in der Regel JavaScript zum Einsatz. Wenn Ihnen all diese Technologien nichts sagen, ist das nicht weiter schlimm. Das Fazit ist: Sie kennen vermutlich bereits einen Dienstleister, der diese Techniken beherrscht, nämlich Ihren Webseiten-Entwickler.

© Springer Fachmedien Wiesbaden 2015
M. Tosic, *Apps für KMU*, essentials, DOI 10.1007/978-3-658-10537-2_3

Abb. 3.1 App-Klassifizie-
rung: Überschneidungen

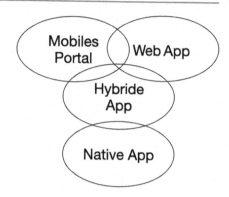

Unterscheiden kann man an dieser Stelle das Mobile Portal von der Web App:
Das **Mobile Portal** ist eine spezielle Version der Webseite, deren Darstellung für den kleineren Bildschirm von Smartphones optimiert ist. Das bedeutet: Inhalt und Struktur sind in der Regel mit denen der „großen" Webseite identisch. Dies bringt den Vorteil, dass für die Umsetzung lediglich die Darstellung der Inhalte optimiert werden muss. Die zugrundeliegende Programmierung und die Inhalte bleiben gleich. Ein Spezialfall ist das sogenannte „Responsive Webdesign", darunter versteht man eine Webseite, deren Layout von Anfang an so ausgelegt ist, dass es sowohl auf „großen" als auch auf „kleinen" Bildschirmen funktioniert. Wenn Sie eine neue Webseite planen oder ihre aktuelle Webseite einer Aktualisierung unterziehen, sollten Sie ernsthaft ein Responsive Design in Erwägung ziehen. Es ist in der Regel die günstigste Möglichkeit, Ihre Botschaft auch mobil zu verkünden.

Die **Web App** ist eine in Javascript geschriebene Anwendung, die im Web-Browser des Smartphones läuft. Ein Webserver ist für den Betrieb der App nicht zwangsläufig notwendig. Mit einer Web App könnte beispielsweise ein Taschenrechner umgesetzt werden. Um Berechnungen durchzuführen, benötigt er keine Daten aus dem Internet, die Web App läuft dann auch „offline". Technisch möglich wird dies durch den Web-Standard HTML5, der es erlaubt, Daten auf dem Gerät lokal vorzuhalten (ähnlich einer Datenbank). Da im App Store der Download und insbesondere der Verkauf von Web Apps nicht möglich ist, muss die App für die Installation allerdings zumeist von einer Webseite geladen werden. Der Benutzer ruft dafür die Webseite auf, welche die Web App bereitstellt. Daraufhin erscheint auf dem Bildschirm ein Dialog, der es ermöglicht, für die App ein Startbild auf dem Bildschirm des Smartphones abzulegen. Damit fallen, genau wie bei mobilen Portalen, die App Stores als Marketing-Kanal weg.

Web Apps sind jedoch in der Regel nicht komplett offline, sondern laden die jeweils aktuellen Daten ebenfalls von einem Webserver oder einem Backend aus dem Internet. Im Gegensatz zum Portal werden die Daten oftmals nicht nur angezeigt, sondern erlauben darüber hinausgehende Interaktionen mit den Benutzern, die oftmals wiederum ohne Internetverbindung auskommen (Mobile Portale funktionieren in der Regel nur, wenn eine ständige Verbindung vorhanden ist). Damit bieten Web Apps mehr Möglichkeiten, für den Benutzer attraktive Funktionen bereitzustellen, sie sind allerdings auch aufwendiger zu erstellen.

In der Praxis sind die Übergänge zwischen Mobile Portal und Web App fließend und viele Web Apps sind aus mobilen Portalen hervorgegangen, die solange aufgerüstet wurden, bis eine vollwertige Anwendung vorlag. Im Folgenden betrachten wir nur noch Web Apps und legen fest, dass damit Anwendungen gemeint sind, die mehr leisten, als nur Daten anzuzeigen, wie dies eine für Smartphones optimierte Webseite tun würde.

3.2 Native Apps

Unter einen nativen App verstehen wir eine Software, die optimiert für das zugrundeliegende Betriebssystem des jeweiligen Smartphones entwickelt wurde. Diese läuft also nicht mehr im Web-Browser, sondern beispielsweise im Falle von Apple auf iOS.

Damit dies möglich ist, muss die App in einer zum System passenden Programmiersprache geschrieben werden. Die von den Herstellern dafür vorgesehenen Programmiersprachen sind bei den geläufigsten mobilen Betriebssystemen:

* Objective-C und neuerdings Swift bei iOS
* Java bei Android
* C# bei Windows Phone

Hier wird auch sofort der größte Nachteil der nativen Entwicklung sichtbar: Da es bei den Programmiersprachen keine Übereinstimmung gibt, müssen große Teile der App für jede Zielplattform neu geschrieben werden. Auf Programmier-Ebene findet keine Wiederverwendung statt. Dies ist ein deutlicher Unterschied zu den Web Apps, bei denen der Web-Browser als Abstraktionsschicht funktioniert und aus Sicht der App eine auf mit JavaScript, CSS und HTML basierende einheitliche Umgebung für die Ausführung bereitstellt.

Dem steht jedoch ein gravierender Vorteil gegenüber: Da die Apps mit auf die jeweilige Plattform optimierten Werkzeugen erstellt werden, können diese auch die Spezialitäten der jeweiligen Plattform bis ins Letzte ausreizen. Zudem ist die Performance spürbar besser und damit das Benutzererlebnis deutlich angenehmer. Hochperformante Anwendungen wie z. B. Echtzeit-3D-Animationen, die bis vor wenigen Jahren nur auf leistungsstarken Desktop-Rechnern möglich waren, passen damit nun in die Hosentasche.

Ein weiteres wichtiges Kriterium für das Benutzererlebnis: Die Werkzeuge für die native App-Erstellung legen die Umsetzung mit den gelernten Bedienkonzepten der jeweiligen Plattform nahe. Viele iOS-Benutzer sind z. B. daran gewöhnt, in der oberen linken Ecken einer Detailseite einen „Zurück-Button" zu finden, während Android-Benutzer oftmals eine Zurück-Taste am Gerät haben und auch deren Funktionieren einfordern.

3.3 Hypride Apps

Ein interessanter Mittelweg ist die Hybrid App. Sie versucht, die Vorteile der Web Apps (günstige Entwicklung durch „Recycling" von Web-Inhalten) mit denen der nativen Apps (alle Möglichkeiten stehen offen) zu verbinden.

Damit dies funktioniert, wird vom Einsatz der sogenannten Web-Views Gebrauch gemacht. Ein Web-View ist ein Bauelement nativer Apps, das es erlaubt, Web-Inhalte in einem rechteckigen Bereich einer nativen App anzuzeigen. Es wird also eine native App erstellt, die als Teil einiger oder aller Bildschirmseiten Web-Inhalte anzeigt. Im Extremfall besteht die native App sogar nur aus einem einzigen Web-View, in dem alle Inhalte dargestellt werden. Somit ist es möglich, eine Web App in eine native App „einzupacken" und diese somit auch in die App Stores der verschiedenen Anbieter zu bringen.

Wurde dies anfänglich von den App Store-Anbietern, allen voran Apple, nicht gerne gesehen, gehört es heute mittlerweile zur geduldeten Praxis. Vorausgesetzt, die für die jeweilige Plattform geltenden Richtlinien werden eingehalten.

Eine interessante Möglichkeit in dieser Richtung bietet beispielsweise die offene Plattform „PhoneGap". Hier wird die immer wiederkehrende Aufgabe, einen flächendeckenden Web-View als native App bereitzustellen, zusammen mit vielen Erweiterungen als Startpunkt für die eigene Entwicklung angeboten. Dazu gehört die Bereitstellung von „Container Apps" für die wichtigsten Plattformen. Damit ist es auch Web-Entwicklern, die keine tiefgreifenden Erfahrungen mit der nativen App-Programmierung haben, möglich, Apps für die verschiedenen Betriebssysteme zu erstellen. Es ist jedoch zu beachten, dass durch die zusätzliche Abstraktionsschicht zwischen der App und dem Smartphone eine weitere Abhängigkeit eingeführt wird: Sollte ein Update eines Betriebssystems das Funktionieren von

PhoneGap beeinträchtigen, kann ein Update der darauf aufbauenden App auch erst erfolgen, wenn die Probleme mit PhoneGap beseitigt wurden. Dadurch können Ausfallzeiten entstehen, die schwer planbar sind.

Hybride Elemente finden sich mittlerweile auch in fast allen nativen Apps. So wird dort oftmals die Impressum-Seite in einem Web-View dargestellt, da es keinen Mehrwert bietet, diese nativ zu re-implementieren. Auch Formulare wie beispielsweise die Newsletter-Anmeldung werden gerne als hybrides Element in nativen Apps integriert.

Einsatzgebiete von Apps in KMU

4

Der Begriff „Apps" ist recht weit gefasst und sagt wenig über ihre Einsatzgebiete aus – insbesondere im mittelständischen Bereich. Eine Übersicht der geläufigsten Verwendungen bietet dieses Kapitel. Als Übersicht dient Abb. 4.1.

4.1 Apps im Marketing

Das Marketing stellt aktuell eines der häufigsten, professionellen Einsatzgebiete für Apps dar. Die Kundenansprache durch Apps ist auf einer sehr intimen, emotionalen Ebene möglich, da die Benutzer durch das ständige Bei-sich-tragen ihrer Smartphones eine ganz besondere persönliche Beziehung zu ihrem Gerät aufbauen. Nicht zuletzt dient das Smartphone durch den Feldzug von Social Media als Tor zu Freunden und freudigen Erlebnissen, die weit über die emotionale Bindung beispielsweise zum Fernsehen hinausgeht – insbesondere bei der für viele Märkte besonders interessanten Zielgruppe der Teenager. Diese positive Konotation gilt es in Apps für die Firmenkommunikation zu nutzen.

Typische Einsatzgebiete für Apps im Marketing sind:

- Werbeträger für Produkte und Dienstleistungen, ähnlich einem Werbeprospekt.
- Werkzeug zum Etablieren einer Marke.
- Mittel, um die Reichweite anderer Kanäle zu erweitern (beispielsweise durch Newsletter-Abonnenten, die durch die App gewonnen werden).

Dabei ist zu beachten, dass die App sich nicht automatisch von alleine verbreitet! Damit sie als Marketing-Kanal genutzt werden kann, muss sie zu einer entsprechenden Reichweite gelangen. Bei den vielen Millionen von Apps, die es bereits gibt, ist dies alles andere als selbstverständlich.

© Springer Fachmedien Wiesbaden 2015   13
M. Tosic, *Apps für KMU*, essentials, DOI 10.1007/978-3-658-10537-2_4

Abb. 4.1 App
Einsatzgebiete

Insbesondere kleine und mittelständische Unternehmen sollten sich daher vorher gut überlegen, ob und wie ihre App die notwendige Reichweite erhalten kann, wenn sie als Marketing-Kanal eingesetzt werden soll.

Eine mögliche Antwort lautet: Die App muss einen Mehrwert für die potenziellen Benutzer bieten und dieser Mehrwert sollte den Benutzern auch bekannt gemacht werden. Bestenfalls schaffen Sie es, den Benutzern etwas an die Hand zu geben, dass

1. sie dazu veranlasst, die App immer wieder in die Hand zu nehmen. Dadurch wird auch die sekundäre Botschaft, z. B. Ihre Marke, immer wieder sichtbar.
2. ihnen so gut gefällt, dass sie es ihren Freunden zeigen wollen, die sich die App daraufhin auch installieren. So kommt es zu einer „viralen" Verbreitung der App.

Wenn Sie den letzteren Teil mit Ihrer App schaffen, haben sie den Marketing-Jackpot gezogen. Virale Verbreitung zu erzielen ist schwer und nur bedingt planbar. Ein unerwarteter viraler Hit war beispielsweise das Spiel „Flappy Bird". Wenn Sie sich das Spiel anschauen, werden Sie vermutlich etwas ratlos sein: Weder ist die Grafik besonders schön, noch hat das Spiel eine motivierende Lernkurve. Es ist von der ersten Sekunde an schwer. Im Nachhinein zu analysieren, warum das Spiel dennoch ein Erfolg war, mag noch gut möglich sein. Es von vornherein als Hit zu planen, scheint hingegen unmöglich. Seien Sie sich daher darüber im Klaren, dass Ihre Bemühungen im viralen Marketing wahrscheinlich scheitern werden. Dem Gegenüber steht der potenzielle Erfolg: Stellen Sie sich nur vor, Flappy Bird hätte Ihre Firmenbotschaft verbreitet!

In den meisten Fällen werden Ihre Bemühungen irgendwo in der Mitte landen, nämlich bei einer mäßigen Verbreitung. Damit Ihre Investition nicht verpufft, achten Sie darauf, dass der Mehrwert der App zu Ihrer Zielgruppe passt. So wäre Flappy Bird beispielsweise nicht unbedingt der optimale Content, um Rentenversicherungen zu vermarkten.

Ergänzend muss darauf hingewiesen werden, dass aus den o. g. Gründen eine App in vielen Fällen eher der krönende Abschluss der Marketing-Strategie darstellt und nicht ihr Fundament. Wenn Sie noch keine Webseite haben und auch sonst kein Marketing betreiben, überlegen Sie sich gut, ob eine App zu diesem Zeitpunkt das richtige Marketing-Instrument für Ihre Ziele darstellt.

4.2 Apps in der Prozessoptimierung

Die Verbesserung von Geschäfts- und Produktionsprozessen innerhalb des KMU stellt ein weiteres Einsatzgebiet für Apps dar.

Eigentlich ist es naheliegend, das Smartphone als Werkzeug für betriebsinterne Prozesse einzusetzen und vielerorts wird das auch schon getan. So können beispielsweise bei fast allen Smartphones bereits die Kalender und Kontaktlisten über die Cloud-Dienste der Hersteller synchronisiert werden, so dass bei gemeinsamen Kalendern alle immer auf dem aktuellen Stand sind. Mit speziellen Apps „von der Stange" ist es zudem möglich, die Prozessoptimierung ohne viel Aufwand noch weiter zu treiben. Einige Beispiele:

• Customer-Relationship-Management: Viele der auf dem Markt befindlichen Systeme bieten auch Apps für die gängigen Smartphones an, die den Zugriff unterwegs ermöglichen.
• Mobile Zeiterfassung
• Lagerverwaltung: Die eingebaute Kamera eignet sich auch als Barcode-Scanner.

Darüber hinaus können für sehr spezielle betriebsinterne Prozesse eigene Apps entwickelt werden, die perfekt auf die Bedürfnisse des jeweiligen Unternehmens angepasst sind. Diese sind zwar in der Anschaffung teurer, dafür erlauben sie unter Umständen eine effizientere Bedienung, können damit langfristig Kosten einsparen und ggf. einen besseren Kundenservice unterstützen.

Es ist z. B. möglich, viele der Aufgaben, die traditionell in Papier-Listen geführt wurden, sehr gut in einer App abzubilden. Denken Sie beispielsweise an die Checklisten für die Reinigung öffentlicher Toiletten oder das Führen von Mängellisten bei der Abnahme von Baustellen. Hier kann eine spezialisierte App einen echten Mehrwert bringen, z. B. durch das Aufnehmen von Fotos als Dokumentation von Missständen. Durch die Vernetzung der Geräte ist es möglich, die gesammelten Daten vieler Geräte im Feldeinsatz nahezu in Echtzeit zusammenzuführen und auszuwerten.

Auch mobile Experten-Systeme sind eine gute Anwendung in der Prozessoptimierung: Notwendiges Know-How kann so jederzeit abgerufen werden, wobei die
Möglichkeiten weit über das Anzeigen statischer Inhalte hinausgehen:

* Video-Demonstrationen („So wechselt man den Einsatz in dieser Maschine")
* Regelbasierte Entscheidungshilfen („Kunde hat sich für X entschieden, was ist
  der nächste Schritt in diesem Fall?")
* Schritt-für-Schritt Anleitungen, ggf. mit Bildern, Animationen, Ton und Videos
* „Schlaue" Berechnungshilfen („Gerät ist 3 Monate im Einsatz bei 67 % Auslas-
  tung, wie viel Schmiermittel von welcher Sorte muss nachgefüllt werden?")

Dadurch kann der Anruf bei der Hotline oder das Nachschlagen in der Dokumentation oft eingespart werden.

4.3   Apps in der Produktion

Auch in produzierenden Betrieben gibt es viele sinnvolle Einsatzgebiete für Apps.
Einige davon sollen in diesem Kapitel beleuchtet werden.

Das große Feld der Mess-, Steuer- und Regel-Geräte beispielsweise bietet viele Anwendungsmöglichkeiten für Apps. Damit ein sinnvoller Einsatz möglich ist,
müssen jedoch einige Voraussetzungen en beachtet werden. Die wichtigste ist, dass
die Daten, die es zu messen, steuern oder regeln gilt, auch zugänglich sind. Im De-
tail bedeutet das: Es müssen passende Schnittstellen auf beiden Seiten vorhanden
sein. Dafür infrage kommende Schnittstellen sind etwa:

* Bluetooth
* WLAN
* Infrarot (IRDA)
* CAN-BUS
* Serielle Kabelverbindung (RS-232)

Insbesondere die letzten beiden Alternativen, CAN-BUS und RS-232, benötigen
auf Smartphone-Seite in der Regel noch Zusatzhardware, die obendrein mit den
eingesetzten Geräten kompatibel sein muss. Im Zweifelsfall sollte daher zunächst
geprüft werden, ob das geplante Vorhaben realisierbar ist, z. B. durch Entwicklung
eines Prototyps.

Ist die Frage der Konnektivität geklärt, bieten die Smartphones wiederum eine
Reihe von Möglichkeiten:

- hochauflösende Displays
- enorme Rechenkapazität
- Speicherkapazität im Gigabyte-Bereich
- Internetzugang/Vernetzung
- Ortungsdienste (GPS, GLONASS)
- weitere Sensoren (Beschleunigungssensor, Magnetsensor, …)

Die Kombination der Möglichkeiten des Smartphones mit denen der angeschlossenen Geräte kann zu einem echten Mehrwert für Ihre Kunden werden.

So ist es z. B. möglich, Messwerte eines mobilen Messgeräts direkt vor Ort an das Smartphone zu übertragen, um Ortsdaten zu erweitern (GPS), weiterzuverarbeiten (Rechenkapazität des Smartphones), zu visualisieren (hochauflösendes Display) und zur Archivierung zu versenden (Vernetzung).

Alles, was es dazu bedarf, ist ein vergleichsweise günstiges, handelsübliches Smartphone und die für den Anwendungsfall konzipierte App.

Im Vergleich zu der Zeit vor der breiten Verfügbarkeit von Smartphones ist es nicht mehr notwendig, für diese Funktionen spezielle Hardware zu entwerfen oder zu bauen. Dadurch wird der Einsatz auch für KMU interessant, die nicht direkt millionenschwere Forschungs- und Entwicklungsbudgets zur Verfügung haben.

4.4 Apps als Produkt

In einer wachsenden Anzahl von Fällen macht es Sinn, über eine App auch als eigenständiges Produkt nachzudenken.

Immer mehr Startups werden gemäß einer „Mobile First" Philosophie gegründet, bei der im Kern das Produkt eine mobile Anwendung ist. Instagram ist so ein Beispiel: Die Webseite gibt es zwar auch, aber der zentrale Teil ist die mobile App, mit der die Benutzer Bilder knipsen und mit Filtern verschönern, um sie direkt von überall aus mit Freunden zu teilen – zunächst natürlich innerhalb der App selbst. In diesem Fall funktioniert das gesamte Modell nicht ohne App. Das gleiche gilt für die Vielzahl an Fitness-Trackern, die beispielsweise über die eingebauten Sensoren Schritte mitzählen oder per GPS die zurückgelegte Strecke samt Performance-Daten aufzeichnen und später in einer Karte visualisieren.

Aber auch als Ergänzung zur bestehenden Produktpalette ergibt die App immer öfter einen Sinn. Ein Beispiel: Als Hersteller industrieller Messgeräte hat Goldschmidt Thermit seine Produktpalette um eine Steuerungs-App für Android Smartphones erweitert. Diese bietet nicht nur mehr Funktionalität bei geringeren Kosten, da Smartphones als Massenprodukt deutlich günstiger sind als die industriellen

Spezial-Geräte, sondern stellt obendrein aktuell ein echtes Alleinstellungsmerkmal in der Branche dar.

Eins soll aber bei der ganzen Euphorie nicht vergessen werden: Apps verkaufen sich schon lange nicht mehr von allein. Um die Vermarktung erfolgreich in Angriff nehmen zu können, brauchen Sie entweder umfassende Marketing-Erfahrungen und Branchenkenntnisse für Ihre Produktidee oder entsprechend tiefe Taschen, um jemanden mit der Aufgabe zu beauftragen.

Auf jeden Fall sollten Sie im ersten Schritt recherchieren, ob Ihre Idee wirklich so einzigartig ist, wie Sie vielleicht vermuten. Wenn dem nicht so ist, finden Sie eine gute Antwort, warum die Smartphone-Benutzer Ihre App kaufen werden und nicht die der Wettbewerber.

Als Beispiel hier ein schöner Kommentar zu den unzähligen Geschäftsideen rund um Freundeslisten: „Das beste Facebook plus X ist Facebook". Wenn Sie also eine Geschäftsidee haben, die sich darum dreht, Fotos, Kommentare oder ähnliches mit Freunden zu teilen, fragen Sie sich ehrlich, ob sie es im Wettbewerb mit den Ressourcen der besagten Plattform aufnehmen können. Das gilt sinngemäß natürlich ebenso für all die anderen Internet- und App-Giganten am Markt.

> ► Seien Sie sich darüber im Klaren, dass bei Produkt-Apps die Kosten für Marketing und Vertrieb die Kosten für die App-Erstellung regelmäßig deutlich übersteigen. Ein wohlüberlegter Business-Plan ist daher Pflicht, bevor Sie auch nur einen Euro in die Hand nehmen, um eine App entwickeln zu lassen.

Warum Apps – Wettbewerbsvorteil 5

Die Frage nach der Daseinsberechtigung von Apps im Umfeld von KMU ist durchaus gerechtfertigt. Einerseits sind Apps relativ neu, die Konkurrenten haben also in der Regel auch keine Apps im Einsatz, andererseits sind sie vergleichsweise teuer in der Anschaffung. Was sind also Gründe, die für Apps sprechen?

Um einen guten Überblick zu bekommen, untersuchen wir einige der Punkte jeweils aus der Perspektive der verschiedenen Einsatzgebiete.

5.1 Wettbewerb

Betrachten wir zunächst, wie es mit der Konkurrenz aussieht. Gerade bei kleinen Unternehmen ist die Wahrscheinlichkeit, dass ein Wettbewerber ebenfalls eine eigene App anbietet, eher gering. Dies dürfte jedoch zum großen Teil an den hohen Kosten liegen, die für die Bereitstellung zu veranschlagen sind. Aus Marketing-Sicht kann eine App also ein echter Wettbewerbsvorteil sein, wenn Sie als erster in Ihrer Branche mithilfe dieser App einen Mehrwert für Ihre Kunden schaffen können. Beachten Sie dabei jedoch, dass sich die Investition auch für Sie lohnen muss und Sie nicht ihre Liquidität gefährden, bis sich die Investition rentiert.

5.2 Emotionale Bindung

Kaum ein technisches Gerät hat es bisher geschafft, eine so persönliche, emotionale Bindung zu seinem Benutzer zu schaffen, wie das Smartphone. Befeuert durch Social Media Apps wird das Smartphone zum direkten Draht zu den besten Freunden. Die mit positiven Erlebnissen aufgeladenen Emotionen können sich unter Umständen auf Ihre App übertragen. Oder noch besser: Sie ruft sie selbst hervor.

© Springer Fachmedien Wiesbaden 2015
M. Tosic, *Apps für KMU*, essentials, DOI 10.1007/978-3-658-10537-2_5

5.3 Mobilität

Anders als den Computer hat ihr Kunde sein Smartphone nahezu immer bei sich. Das bedeutet für Sie die Chance, ihn jederorts erreichen zu können. Also nicht nur am Arbeitsplatz, sondern auch in der Stammkneipe, bei Freunden und in der Freizeit (siehe auch: emotionale Bindung). Allerdings ist Ihre App zunächst in der Regel passiv, das heißt, sie wartet darauf, dass der Benutzer sie bewusst startet, um etwas mit ihr anzustellen. Ihre App sollte daher auch einen Anlass für den Benutzer bieten, sie zu aktivieren. Umgehen kann man dies unter Umständen durch die sogenannten „Push-Nachrichten". Diese werden dem Benutzer aktiv auf seinen Bildschirm geschickt. Allerdings nur, wenn dieser dem vorher ausdrücklich zugestimmt hat.

5.4 Virale Verbreitung

Wenn Ihre App den Nerv der Zeit trifft, hat sie die Chance, über „virale Verbreitung" enorme Menschenmassen zu ereichen. Wenn Sie den „Jackpot" ziehen, können Sie mit relativ wenig Einsatz eine riesige Verbreitung Ihrer Botschaft erreichen. Die Glücksspiel-Vokabel habe ich allerdings mit Bedacht gewählt, denn die virale Verbreitung ist alles andere als einfach durch gezielte Methoden zu erreichen.

5.5 Rückkanal

Im Gegensatz zu traditioneller Werbung bieten Apps genau wie Webseiten die Möglichkeit, Daten vom Benutzer einzusammeln. Dies kann einerseits gezieltes Feedback vom Benutzer an Sie sein, etwa aus einem Feedback-Formular in der App, andererseits können Sie aber auch „hinter dem Rücken" der Benutzer Daten einsammeln. So ist es Ihnen z. B. möglich, in Erfahrung zu bringen, welche Teile der App von den Benutzern besonders oft verwendet werden. Haben Sie beispielsweise einen Produktkatalog in Form einer App, können Sie verfolgen, welche Produkte besonders lang oder kurz angeschaut wurden. So lernen Sie Ihre Kunden noch viel besser kennen. Achten Sie bei Ihren Bemühungen jedoch immer darauf, die Privatsphäre ihrer Nutzer nicht zu verletzen, ansonsten geraten Sie mitunter sogar mit dem Gesetz in Konflikt.

▶   Sammeln Sie anonym und nur die Statistik, nicht die Individualdaten.

Kosten der App-Erstellung 6

In vielen Fällen ist der Preis der ausschlaggebende Faktor für die Entscheidung pro oder contra App. Leider ist dies auch zugleich die am schwersten zu ermittelnde Information, denn fast kein Hersteller hat eine Preistabelle auf der Webseite oder kann Fragen zum Preis direkt am Telefon beantworten. Bei genauer Überlegung ist dies auch klar, denn jede App, sofern sie ein Alleinstellungsmerkmal darstellt und nicht eine bereits vorhandene App kopiert, ist eine Spezialanfertigung. Was die *Größenordnung* angeht, so können jedoch sehr wohl Angaben gemacht werden. Wie so oft arbeitet man auch hier gerne mit Vergleichen. So vergleicht der eine Entwickler die Kosten für die Entwicklung einer App mit dem Kauf eines Autos, der andere zieht lieber den Vergleich zum Bau eines Hauses. Beide Vergleiche hinken, beinhalten aber beide auch ein Quäntchen Wahrheit:

- Der Preis vieler Apps liegt in derselben Größenordnung wie der eines Autos, also etwa zwischen derzeit ca. 1500 € für einen indischen Tata Nano bis hin zum 6-stelligen Euro-Betrag, der für einen Audi S 8 fällig wird.
- Die Kosten, die für die Entwicklung einer App anfallen, ähneln strukturell denen eines Hausbaus. Sie setzen sich also aus verschiedenen Phasen zusammen, in denen jeweils viele Dinge erledigt werden müssen. Angefangen bei der Planung gemäß den Kundenvorgaben (Konzeption und Design), über die Erstellung des Fundaments (Datenmodell der App) und den Anschluss an das öffentliche Netz (API-Entwicklung/Server-Anbindung), bis hin zur Fassade (User-Interface).

Falls Sie aufmerksam waren, ist Ihnen vielleicht aufgefallen, dass im vorigen Abschnitt Preis und Kosten vermischt wurden. Oft bekommen Sie als Kunde der App-Entwicklung von den Kosten nichts mit, jedoch sind die Kosten insofern für Sie wichtig, als dass sie den begrenzenden Faktor darstellen, ob ein Dienstleister Ihre App für einen gewissen Preis überhaupt wirtschaftlich umsetzen kann. Und dann

© Springer Fachmedien Wiesbaden 2015
M. Tosic, *Apps für KMU*, essentials, DOI 10.1007/978-3-658-10537-2_6

muss er ja im Regelfall auch noch etwas verdienen. Die Kosten stellen somit eine untere Grenze für den Preis dar.

Im Folgenden werden einige der bedeutenden Kostenfaktoren genauer betrachtet.

6.1 Kostenfaktoren

Ein Großteil der Kostentreiber einer App ist für Sie vermutlich nicht offensichtlich. Denn man hat sich bereits sehr an die geläufigen und komfortablen Bedienkonzepte guter Apps gewöhnt. Deren Umsetzung zieht jedoch oft einen nicht unerheblichen Aufwand mit sich. Eine gut bedienbare App zeichnet sich oftmals dadurch aus, dass sie dem Benutzer nicht im Wege steht. Diese „Unsichtbarkeit" hat aber oft einen hohen Preis.

- **Orientierung**: Gute Apps funktionieren sowohl, wenn Sie das Smartphone hochkant halten, als auch im Querformat. Richtig gute Apps haben für beide Ansichten optimierte Aufteilungen und zeigen teilweise unterschiedliche Dinge an. Der Aufwand kann sich in der Entwicklung dadurch teilweise mehr als verdoppeln.
- **Smartphone vs. Tablet**: Eine ähnliche Problematik finden Sie bei den unterschiedlichen Größen der Geräte. Optimalerweise zeigt das Display auf dem Tablet nicht dieselbe Information wie das Smartphone – nur in groß – an, sondern bringt mehr Informationen auf den Screen. Wieder kann sich der Aufwand schnell mehr als verdoppeln.
- **Custom-UI vs. Standard-UI**: Soll Ihre App nur funktional sein, fahren Sie mit Standard-Elementen in der Regel besser: Der User ist sie gewohnt, die Bedienkonzepte sind bekannt und erprobt. Das gewisse Etwas können Sie aber mit neuen, echt innovativen Bedienkonzepten erlangen und damit ein wahres Alleinstellungsmerkmal als Erfolgsfaktor verbuchen. Beispielsweise war die mittlerweile zum Standard avancierte „Pull-to-Refresh"-Geste, die zuerst in einer Twitter-App auftauchte, dermaßen erfolgreich, dass die App zuerst eine der meistgekauften Twitter-Apps war und später von Twitter selbst übernommen wurde. Eine Warnung jedoch: Das ist die Ausnahme! Neue Bedienkonzepte zur „Marktreife" zu entwickeln, ist sehr, sehr aufwendig und birgt das Risiko, dass die Benutzer es dennoch nicht annehmen und die App deshalb floppt.
- **App-Logik**: Natürlich ist es ein Unterschied im Entwicklungsaufwand, ob Ihre App lediglich ein paar Texte und Bilder anzeigt oder ob sie hochkomplexe Berechnungen durchführt. Nicht immer ganz offensichtlich: Komplexe Berech-

nungen verstecken sich oft hinter vermeintlich einfachen Funktionen. So kann eine ansprechende Animation recht aufwändig umzusetzen sein. Zudem ist es für Smartphones nach wie vor schwierig, Dinge in Bildern zu erkennen, bis auf wenige Ausnahmen wie z. B. QR-Codes oder Bar-Codes. Und auch dies ist nur dann „einfach", wenn auf fertige Bausteine zurückgegriffen werden kann, die unter Umständen ins Geld gehen können.

- **Backend**: Viele Apps benötigen für optimale Funktionalität die Unterstützung durch einen Server, der beispielsweise die Daten zentral verwaltet und gewisse Dienste anbietet, die von der App in Anspruch genommen werden. Oft wird bei der Planung vergessen, dass dieses sogenannte Backend in der Regel noch nicht vorhanden ist bzw. angepasst werden muss, damit die App wie gewünscht funktioniert. Backend-Entwicklung ist aber ein nicht zu vernachlässigender Kostentreiber, der teilweise sogar die Kosten der eigentlichen App-Entwicklung übersteigen kann. Für einige Anwendungsfälle gibt es zwar kostengünstige Fertiglösungen, hier muss jedoch sehr genau hingeschaut werden, ob diese mit den moralischen und gesetzlichen Anforderungen in Übereinkunft zu bringen sind. So stehen beispielsweise viele Backend-Server solcher Dienste nicht in Deutschland. Die Daten Ihrer Kunden sind somit ebenfalls nicht in Deutschland untergebracht, was nicht nur bei personenbezogenen Daten rechtliche Schwierigkeiten mit sich bringen kann. Fragen Sie im Zweifelsfall den Anwalt Ihres Vertrauens oder weichen Sie auf inländische Angebote aus.

6.2 Preisfaktoren

Neben den Kostenfaktoren spielen noch andere Dinge mit in den Preis hinein – wie das Gewinnstreben des Anbieters. Daneben gibt es aber auch nicht ganz so offensichtliche Faktoren.

Als erste wäre da die Zielplattform zu nennen. So weiß man aus Studien, dass iPhone-Benutzer eher geneigt sind, für Apps Geld auszugeben als Android-Anwender. Das schlägt sich auch auf den Preis für die App-Erstellung aus: Viele Anbieter verlangen für die Entwicklung einer iOS-App mehr als für Android. Dieser Trend ist allerdings mit der steigenden Verbreitung der Android Plattform rückläufig. Hinzu kommt im Falle von Android, dass es eine Vielzahl verschiedener Geräte von den verschiedensten Herstellern gibt, die oftmals das Betriebssystem noch um eigene Funktionen erweitern. Dies führt zu einem erhöhten Test- und Entwicklungsaufwand, möchte man sicherstellen, dass die App auch tatsächlich auf einem großen Teil der Geräte richtig funktioniert.

6.3   Preisliche Untergrenze

Betrachtet man die Kostenfaktoren aus dem vorangegangenen Kapitel, stellt sich insbesondere kleinen Unternehmen die Frage, ob sie überhaupt jemals eine eigene App wirtschaftlich umsetzen können. Eine mögliche Antwort könnte eine App aus einem App-Baukasten sein.

Bei diesen Systemen können Sie selbst auf einer Webseite eine App aus einem Satz Vorlagen zusammenklicken und per Mausklick in den App Stores veröffentlichen.

Der Haken an der Sache: Ihre App ist natürlich dann keine Maßanfertigung für Ihre Bedürfnisse, sondern eine von vielen gleichartigen Apps nach „Schema F". Zumindest im günstigsten Preisbereich steht die App dann unter dem Label des Baukasten-Anbieters in den App Stores. Das ist in etwa das Pendant zu Visitenkarten mit Werbeaufdruck der Druckerei: Nicht besonders repräsentativ, die Grundfunktion ist jedoch gegeben. Dafür ist der Preis entsprechend attraktiv: Für einmalig 2500 € oder alternativ 10 € pro Monat sind Sie im Rennen. Die Anbieter der Systeme sind leicht per Websuche zu finden.

Bevor sie nun drauf losklicken, überlegen Sie sich jedoch, ob Ihre Zielgruppe auf ein solches Angebot anspringt. Denn User müssen schon einen ganz besonderen Nutzen aus der App ziehen können, bevor sie sich das Smartphone mit Apps von der Stange „zumüllen".

Für welche KMU kommen Apps infrage?

7

Nachdem einige Einsatzgebiete für Apps aufgezeigt wurden, bleibt noch zu klären, für welche KMU eigene Apps überhaupt infrage kommen. Denn nicht für jedes Unternehmen ist das Anbieten einer App auch sinnvoll.

Der größte beschränkende Faktor dürften die vergleichsweise hohen Kosten sein (siehe auch „Kosten der App-Erstellung"): Für die Umsetzung einer nativen App ist schnell der Gegenwert eines Kleinwagens erreicht. Sie sollten sich also die Frage stellen, ob dies wirklich die beste Verwendung für Ihr Geld zum jeweiligen Zeitpunkt ist.

Bei dieser Frage können einige Indikatoren behilflich sein:

- Sollten Sie ein Marketing-Ziel mit der App verfolgen: Hat Ihr Unternehmen bereits eine Webseite? Falls nicht, stellen Sie sich die Frage, warum eine native App in Ihrem Fall eine höhere Priorität haben muss.
- Ist die Webseite bereits in „Responsive Design"?
- Zählt die Zielgruppe, die Sie mit der App erreichen wollen, überhaupt zu den typischen Smartphone-Benutzern, die sich Ihre App auch installieren würden? Wenn nicht, ist Ihre App „gut genug", dass sich die Zielgruppe ggf. sogar extra ein Smartphone dafür anschafft?
- Was versprechen Sie sich von der App? Was ist der Wert für Sie und Ihr Unternehmen? Rechtfertigt der Gegenwert die Investition, die auf Sie zukommt?

Wenn Sie nach Beantwortung der Fragen immer noch der Überzeugung sind, dass Ihre App eine gute Idee ist, liegt der nächste Schritt darin, sich über die Ziele der App klar zu werden.

© Springer Fachmedien Wiesbaden 2015
M. Tosic, *Apps für KMU*, essentials, DOI 10.1007/978-3-658-10537-2_7

Zielsetzung der App 8

Sie haben sich für das Anbieten einer eigenen App entschieden, damit ist der erste Schritt getan. Der nächste besteht darin, die richtige Zielsetzung für die App zu finden. Diese kann ganz individueller Natur sein. Doch eins nehmen Sie sich bitte zu Herzen: „Eine App zu haben" ist es nicht!

Die App stellt immer lediglich ein Hilfsmittel dar, um ein Ziel zu erreichen, sie sollte niemals selbst das Ziel sein. Lassen Sie sich also nicht davon beirren, wenn Ihnen erzählt wird, sie bräuchten eine App, weil alle anderen auch eine haben.

In der Regel möchten Sie also etwas erreichen. Mögliche Ziele können beispielsweise sein:

- Neukundengewinnung
- Kundenbindung
- Imagepflege
- Optimierung von Arbeitsabläufen
- Verbesserung der Zusammenarbeit
- Verkürzung von Produktionszeiten
- Abkürzungsverzeichnis
- Produktionsüberwachung
- Erweiterung der Produktpalette

Die ersten Ziele, Neukundengewinnung, Kundenbindung und Imagepflege, sind durch das Marketing animiert (siehe auch „Apps im Marketing").

Gerade bei Marketingzielen ist der Zusammenhang zwischen einer App und ihrer Zielsetzung nicht immer auf den ersten Blick offensichtlich. So kann z. B. ein Handy-Spiel durchaus auch der Neukundengewinnung und der Imagepflege dienen, wenn es zu den eigenen Produkten und zum Image des Unternehmens passt. Oder man generiert Newsletter-Abonennten und Leads durch eine App, voraus-

M. Tosic, *Apps für KMU*, essentials, DOI 10.1007/978-3-658-10537-2_8

gesetzt, diese bietet auch entsprechende Funktionen an (Newsletter abonnieren/ Kontaktformular).

Die Ziele „Optimierung von Arbeitsabläufen" und „Verbesserung der Zusammenarbeit" sind im Bereich Prozessoptimierung angesiedelt. Haben Sie in Ihren regelmäßigen Arbeitsabläufen eine Möglichkeit entdeckt, wie Sie mit dem Smartphone Aufgaben schneller oder besser erledigen können, so ist dies ein gutes Ziel. Noch besser, wenn die erwarteten Einsparungen durch die Effizienzsteigerung Ihre Kosten für die Anschaffung der App übersteigen.

Die Ziele „Verkürzung von Produktionszeiten" und „Produktionsüberwachung" sind genau genommen ebenfalls prozessoptimierende Ziele, wir wollen sie aber getrennt davon in die Rubrik „Produktion" einordnen, da die Anforderungen im Zusammenhang mit produzierenden Aufgaben oftmals von der rein organisatorischen Prozessoptimierung abweichen. Möchten Sie beispielsweise eine Übersicht über die aktuelle Produktionsleistung und -parameter Ihrer Maschinen auf dem Smartphone verfolgen, benötigen Sie Schnittstellen, die es erlauben, diese Daten abzurufen.

Die „Erweiterung der Produktpalette" ist ein besonders hevorzuhebendes Ziel, da hier die App selbst zum Produkt oder Teil eines Produktes wird und nicht „nur" als Werkzeug dient. Somit produzieren Sie eine App, die von Ihren Kunden gekauft wird. Damit verbunden ist ein besonders hoher Anspuch an die Qualität der App, da Sie hier unter Umständen für die Funktion der App geradestehen müssen. Sie sollten also bei der Wahl des Dienstleisters in diesem Fall besondere Sorgfalt walten lassen. Mehr dazu im Kapitel „Auswahl des Dienstleisters".

In der Praxis verfolgen die meisten Apps mehrere Ziele. Beispielsweise wird in vielen Fällen in einer Produkt-App auch ein Kontaktformular (zur Kundenbindung) sinnvoll sein. Werden Sie sich vor der Konzeption der App daher darüber klar, was die primären und was die sekundären Ziele Ihrer App sind. Dies ist nicht zuletzt wichtig, da diese bei den Kosten für die App entsprechend zu Buche schlagen können. Verfolgen Sie ein hochgestecktes Marketing Ziel, das entsprechende „Wow"-Effekte in Ihrer App notwendig macht, so ist dies direkt mit höheren Kosten verbunden.

Erfolgsmessung: Tracking/Metriken 9

Im letzten Kapitel haben wir uns mit den Zielen Ihrer App auseinandergesetzt. Die Definition der Ziele ist aber nur die eine Seite der Medaille. Die andere Seite ist, das Erreichen der Ziele zu überprüfen. Wie wollen Sie sonst wissen, dass Sie Ihr Ziel mit den gewählten Mitteln erreicht haben? Oder noch wichtiger: Wie merken Sie, dass Sie das falsche Mittel gewählt haben, um Ihr Ziel zu erreichen?

Um diese Fragen beantworten zu können, ist es unabdingbar, dass Sie ein Werkzeug an der Hand haben, um den Erfolg des gewählten Mittels (die App) zu messen und mit den vereinbarten Zielen zu vergleichen. Im mobilen Sektor spricht man hier in der Regel von Tracking (aus dem englischen: to track = „verfolgen").

Nehmen wir ein einfaches Beispiel: Sie haben eine App zu Werbezwecken erstellt. Ihre Zieldefinition: Sie wollen 5000 Menschen mit der 1. Version der App erreichen. Die Messgröße wäre in diesem Falle „Anzahl der Installationen der App". Die gute Nachricht ist: Dieses Ziel können Sie in der Regel ohne Mehraufwand verfolgen, denn die Anzahl der Downloads lässt sich in den meisten App Stores mit wenigen Klicks anzeigen. Die schlechte Nachricht: Damit ist oftmals das Ende der Fahnenstange schon erreicht.

Um tiefergehende Erkenntnisse aus der App zu ziehen, gibt es eine Reihe von Tracking-Frameworks, also fertige Bausteine, die Sie in die App integrieren können, um Informationen zu sammeln und auszuwerten. Die Preisspanne der Anbieter ist hierbei recht groß: Einige bieten ihr System kostenfrei an, hier bezahlen Sie also mit den Daten selbst, die von den Anbietern ausgewertet werden. Andere Anbieter lassen sich Ihre Premium-Dienstleistungen entsprechend vergüten.

Für welches System Sie sich entscheiden, ist zum einen Geschmackssache (denn Sie müssen mit der Oberfläche für die Auswertung gut zurechtkommen), zum anderen auch eine Kostenfrage. Für die meisten Anwendungen im für KMU interessanten Bereich sollten die kostengünstigen Angebote vollkommen ausrei-

© Springer Fachmedien Wiesbaden 2015   29
M. Tosic, *Apps für KMU*, essentials, DOI 10.1007/978-3-658-10537-2_9

chend sein. Vorausgesetzt, Sie haben kein Problem damit, dass der Dienstleister Ihre Daten ebenfalls statistisch auswertet.

Damit das System nun optimal in Ihre App integriert werden kann, muss zuvor definiert werden, welche Erkenntnisse Sie überhaupt aus der App gewinnen wollen. Möglichkeiten wären beispielsweise:

- Wie oft wird die App gestartet?
- Wie oft wird eine bestimmte Seite aufgerufen (z. B. Ihr Kontaktformular)
- Wo wird die App verwendet?
- Wie oft wurde der „Weiterempfehlen"-Knopf betätigt?
- Welche Angebote werden am häufigsten angesehen, welche weniger häufig?
- Wird ein Produktvideo bis zum Ende geschaut?
- Wie oft sieht sich ein durchschnittlicher Benutzer Seite B an, wenn er zuvor Seite A gesehen hat?
- ...

Diese Liste ist alles andere als vollständig und dient hier nur als Beispiel. Welche Fragen durch Ihre Tracking-Lösung beantwortet werden müssen, wird hauptsächlich durch die zuvor definierten Ziele festgelegt. Überlegen Sie sich, welche Aktionen Sie in der App für die Auswertung speichern müssen, um eine gute Erkenntnis zum jeweiligen Ziel gewinnen zu können.

Generell sollten die Fragen, die durch das Tracking beantwortet werden sollen, statistischer Natur sein. Inbesondere bei der Frage nach dem „Wo" beschränken Sie sich lieber auf eine sehr grobe Auswertung nach Land. Andernfalls laufen Sie nicht nur Gefahr, moralisch verwerflich vorzugehen, sonder haben unter Umständen mit schlechter Publicity oder sogar rechtlichen Konsequenzen zu kämpfen. Denn die Privatsphäre ist den meisten Benutzern mit Recht ein hohes Gut.

Die so festgelegten Tracking-Ziele sollten Sie ebenfalls schriftlich festhalten und zum Teil des Lastenhefts machen, damit der Dienstleister Ihrer Wahl sich bei der Angebotserstellung darauf einlassen kann. Allzu oft findet man in der Praxis nicht nur bei kleinen und mittelständischen Unternehmen Fälle, bei denen das Tracking ohne Konzept einfach im Anschluss lieblos an die schon fertige App „drangepappt" wird. Ob damit auch sinnvolle Auswertungen möglich sind, ist vermutlich reine Glückssache.

Anforderungen an die App 10

Wenn Sie sich über die Zielsetzung Ihrer App im Klaren sind und sich davon überzeugt haben, dass eine App jetzt genau das Richtige für Ihr Unternehmen ist, sollten Sie sich mit den Anforderungen an Ihre App auseinandersetzen. Das Ziel dieser Überlegungen ist eine möglichst detaillierte Sammlung von Anforderungen. Unterscheiden können Sie dabei zwischen funktionalen Anforderungen, Qualitätsanforderungen und Randbedingungen (siehe Abb. 10.1).

▶ „Eine funktionale Anforderung definiert eine vom System oder von einer Systemkomponente bereitzustellende Funktion des betrachteten Systems". (Pohl und Rupp 2009, S. 16)

Etwas umgangsprachlicher könnte man das im Zusammenhang mit Apps auch so formulieren: Beschreiben Sie, was der jeweilige User mit der App machen kann. Zum Beispiel: „Der Maschinenführer kann im Smartphone-Display die aktuellen Drehzahlen des Extruders ablesen" oder: „Der Mitarbeiter sieht in der Ansicht eine Übersicht der noch von ihm zu erledigenden Aufgaben nach Dringlichkeit sortiert" oder: „Der Gruppenleiter sendet aus der App ein Startsignal an alle Gruppenteilnehmer".

Seien Sie so präzise wie möglich, wenn Sie beschreiben, was die Funktion ist, aber lassen Sie auch etwas Spielraum, wie etwas von der App zu erledigen ist. Im Idealfall haben Sie für jede Funktion, die durch die App ermöglicht werden soll, einen kurzen, präzisen Satz.

Über die funktionalen Anwendungen hinaus gibt es in der Regel noch Qualitätsanforderungen:

© Springer Fachmedien Wiesbaden 2015   31
M. Tosic, *Apps für KMU*, essentials, DOI 10.1007/978-3-658-10537-2_10

Abb. 10.1 Arten von
Anforderung

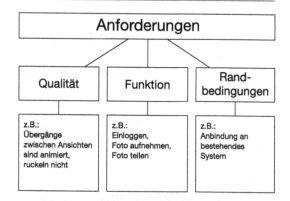

Abb. 10.1 Arten von Anforderung

▶ „Eine Qualitätsanforderung definiert eine qualitative Eigenschaft, die das betrachtete System oder einzelne Funktionen des Systems aufweisen sollen." (Pohl und Rupp 2009, S. 16)

Eine geläufige Qualitätsanforderung bei Apps ist beispielsweise, dass diese sich „flott anfühlen" sollen, sprich, dass die Reaktion auf Benutzereingaben keine spürbare Verzögerung erkennen lässt.

Gehen Sie nicht davon aus, dass dies automatisch gegeben ist, denn auch wenn die aktuellen Smartphones eine enorme Rechenkapazität aufweisen, kann es sein, dass einzelne Berechnungen lange genug dauern, dass der User dies spürt. Lassen sich die Verzögerungen nicht umschiffen, sollte dem User zumindest signalisiert werden, dass sein Gerät gerade schwer arbeitet, z. B. durch eine animierte Grafik. Diese umzusetzen stellt jedoch einen gewissen Aufwand dar, den nicht jeder Dienstleister von sich aus ohne Anforderungsspezifikation umsetzen.

▶ „Eine Randbedingung ist eine organisatorische oder technologische Vorgabe, die die Art und Weise einschränkt, wie das betrachtete System realisiert werden kann". (Pohl und Rupp 2009, S. 17)

Eine in Apps oft vorkommende Randbedingung ist beispielsweise die Anforderung, dass sie auch funktionieren muss, wenn der Benutzer sich gerade in einem Funkloch befindet und somit keine Internetverbindung hat. Soll die App in die Produktion eingebettet werden, sind oftmals technische Schnittstellen vorgegeben, die eine Einschränkung für die Entwicklung darstellen.

Den Randbedingungen sollten Sie besondere Achtsamkeit zukommen lassen, da sie die Machbarkeit und die Kosten Ihrer App wesentlich einschränken können!

Fassen Sie die Anforderungen in einem Dokument, dem sogenannten Lasten-heft zusammen. Ob Sie dies in tabellarischer Form oder als Text machen, ist zweit-rangig. Aber achten Sie auf Vollständigkeit, denn was nicht spezifiziert ist, wird in der Regel auch nicht umgesetzt! Oftmals helfen auch Bilder und Skizzen, um Anforderungen einfacher und schneller festzuhalten. Sie müssen dabei kein großer Künstler sein, um eine klare Skizze zu erstellen. Die Klarheit der Darstellung steht im Vordergrund, die Schönheit ist zweitrangig.

Das Lastenheft dient als Grundlage für die infrage kommenden Dienstleister, um ihren Aufwand zu kalkulieren und Ihnen ein Angebot zu unterbreiten.

App-Marketing 11

Bevor wir im nächsten Kapitel zur Auswahl des Dienstleisters kommen, machen wir einen kurzen Einschub zum Thema App-Marketing. Denn die Konsequenzen aus den Marketing-Entscheidungen müssen mit in die Anforderungen einfließen, wenn Sie Erfolg haben sollen. Viel zu oft wird zunächst die App konzipiert und umgesetzt, bevor es an die Planung der Vermarktung der App geht. Oder, falls die App selbst Marketing-Instrument sein soll, wird erst nach der Programmierung festgestellt, dass die Marketing-Ziele mit der App in der Form gar nicht erreichbar sind.

Also, bevor Sie das Lastenheft als abgeschlossen ansehen, machen Sie sich Gedanken über Folgendes:

- Wie wollen Sie die App in den Markt einführen bzw. was sind die Marketing-Ziele Ihrer App?
- Welche Mittel wollen Sie einsetzen, um diese Ziele zu erreichen?
- Wie können Sie das Erreichen der Ziele nachvollziehen?

Beispielsweise hilft es Ihnen wenig, wenn sie planen, dass Ihre App sich viral verbreiten soll, wenn sie vergessen haben, die notwendigen Mittel in der App vorzusehen und zu beauftragen. Sprich, wenn es kein in die App verankertes Konzept gibt, um diese Verbreitung zu begünstigen.

▶ Planen Sie von vornherein, was die Ziele der App sind, wie Sie die Benutzer der App dazu bekommen, zugunsten dieser Ziele zu agieren und wie Sie überprüfen können, ob Sie Ihren Zielen auch näher kommen.

© Springer Fachmedien Wiesbaden 2015   35
M. Tosic, *Apps für KMU*, essentials, DOI 10.1007/978-3-658-10537-2_11

Wenn Sie heutzutage eine Webseite professionell planen, machen Sie sich in der Regel auch Gedanken über Erfolgsfaktoren, Instrumente zur Auswertung des Nutzerverhaltens, Konversionsraten, etc.

Viele dieser Prinzipien, die für das Online-Marketing gelten, sind ebenso für das App-Marketing aktuell, wenn auch in leichten Variationen. So ist beispielsweise die App Store Optimization (ASO) im App-Bereich der frühen Suchmaschinen-Optimierung (SEO) nicht unähnlich. Praktische Tipps für das Online-Marketing im Allgemeinen finden Sie beispielsweise in (Kreutzer 2014), für das App-Marketing im Speziellen in (Mroz 2013).

Auswahl eines Dienstleisters 12

Wie immer, wenn Sie etwas kaufen möchten, macht es Sinn, sich zunächst über das Angebot zu erkundigen und dann den geeignetsten Anbieter auszuwählen. Die App-Entwicklung ist hier keine Ausnahme. Ganz im Gegenteil, da Sie eine nicht unerhebliche Summe Geld in eine App investieren, ist die Auswahl des Dienstleisters umso wichtiger.

Sie können Ihre Suche durch einige Punkte leiten lassen:

- Wenn Sie eher eine Web App oder ein Portal suchen, benötigen Sie einen Dienstleister, der insbesondere in der mobilen Web-Entwicklung erfahren ist.
- Benötigen Sie hingegen eine native Umsetzung, muss der Dienstleister diese auch beherrschen.

▶ **Investitionssicherheit** Bei der Frage der Investitionssicherheit spielen einige Punkte eine besondere Rolle:
1) Wie sicher ist es, dass die Firma, die Sie beauftragen, über die gesamte Lebensdauer Ihrer App existiert?
Wie wichtig diese Frage ist, hängt davon ab, wie komplex und langlebig Ihre Anwendung ist. Wollen Sie eine kurzlebige App als Marketing-Gag erstellen lassen? Dann ist diese Frage für sie nahezu irrelevant. Möchten Sie hingegen eine App zur Optimierung Ihrer internen Abläufe haben, die auch in 5 oder 10 Jahren noch eingesetzt werden kann, dann ist es sinnvoll, einen Dienstleister zu wählen, bei dem die Chance möglichst groß ist, dass auch dieser in 10 Jahren noch existiert. Woran man das fest macht, ist natürlich nicht immer offensichtlich. Tendenziell würde man aber vielleicht dem gestandenen Systemhaus eher diese Langlebigkeit unterstellen, als

© Springer Fachmedien Wiesbaden 2015   37
M. Tosic, *Apps für KMU*, essentials, DOI 10.1007/978-3-658-10537-2_12

dem „hippen" Startup aus dem Hinterhof, dass nur darauf wartet, demnächst von einem Internet-Giganten aufgekauft zu werden.

2) Als „Plan B" sollten Sie alternativ oder ergänzend darauf bestehen, dass Sie den Quelltext der für sie erstellten Apps ausgehändigt bekommen. Einerseits können Sie im Bedarfsfall damit zu einem anderen Dienstleister wechseln, andererseits vermeiden Sie, dass Sie durch die Abhängigkeit von einem Dienstleister in die Situation gelangen, bei Erweiterungen ins Hintertreffen zu geraten und sich bei Kosten und Timing nach den Vorstellungen des Dienstleisters richten zu müssen. Behalten Sie jedoch im Hinterkopf, dass ein Anbieterwechsel kein einfaches und unter Umständen auch kein billiges Unterfangen ist, denn einerseits müssen Sie erstmal einen neuen, geeigneten Dienstleister finden, der auch gewillt ist, mit dem vorhandenen Quelltext zu arbeiten. Andererseits muss dieser sich erst einmal in den Quelltext einarbeiten: Eine Aufgabe, die unter Umständen enorme Zeit in Anspruch nehmen kann. Aber immerhin haben Sie dann die Option, sich für diesen Weg zu entscheiden.

3) Wo wird Ihre App produziert? In vielen Fällen spielt das keine Rolle, aber wenn Sie ein einzigartiges, innovatives Verfahren durch den Dienstleister Ihres Vertrauens implementieren lassen, sind Sie eventuell nicht begeistert, wenn dieses Know-How an Dritte in Form von Subunternehmen weitergegeben wird.

Ein weiterer Aspekt sind ggf. sprachliche und kulturelle Barrieren bei der Offshore-Softwareentwicklung, die einige Anbieter praktizieren. Es ist ein gewisser Erfahrungsschatz vonnöten, um Projekte weltweit zu leiten und zu kontrollieren, um ein Mindestmaß an Qualität und fristgerechte Fertigstellung garantieren zu können. Dies können tendenziell eher gestandene Konzerne.

Je nachdem, welche Art App Sie erstellen lassen möchten, kommen unterschiedliche Dienstleister infrage. Die unterschiedlichen Dienstleister-Typen finden Sie in Abb. 12.1, ihre Vor- und Nachteilen sollen hier kurz vorgestellt werden:

12.1 Web-Agentur

Wenn Sie bereits eine Webseite für Ihr Unternehmen betreiben, so haben Sie eventuell bereits Kontakt mit einer Web-Agentur gehabt. In der Regel übernimmt die Web-Agentur für Sie die Planung, das Design und die Umsetzung Ihrer Webseite.

Abb. 12.1 App Dienstleister

Manche Agenturen bieten auch den Betrieb mit an. Für Webseiten und Web Apps ist der Betrieb eines Servers notwendig (ein Computer mit ständiger schneller Verbindung zum Internet).

Viele Web-Agenturen sind mittlerweile auf den App-Zug mit aufgesprungen und bieten die Umsetzung von Apps an. Sollten Sie die Umsetzung einer Web App planen, kann die Umsetzung durch eine Web-Agentur der richtige Schritt sein. Ob eine Web-Agentur auch native oder hybride Apps umsetzen kann, hängt stark davon ab, ob dort ebenfalls Entwickler mit den entsprechenden Fähigkeiten tätig sind. Denn die Programmierung von nativen und Web Apps unterscheidet sich grundlegend.

12.2 Full-Service-Agentur

Wenn Sie neben dem Bedürfnis nach einer Webseite auch noch Bedarf haben, ganze Werbekampagnen zu schalten und Ihre Marke zu pflegen, dann können Sie all dies von dem Spezialistenteam einer Full-Service-Agentur erledigen lassen. Dies ist in dem Fall auch sinnvoll, denn die Unternehmenskommunikation funktioniert am besten „aus einem Guss", also wenn alle Teile der Kampagne in Optik, Inhalt und Timing aufeinander abgestimmt sind. Viele Full-Service-Agenturen haben mittlerweile auch Entwicklerteams für Web und native Apps, entweder im eigenen Haus oder als Subunternehmer im Angebot.

Wenn Sie also das „volle Programm" benötigen, ist es nur sinnvoll, dass Sie die App ebenfalls als Teil der Kampagne betrachten, sofern sie dort hineinpasst. Das ist insbesondere bei marketinglastigen Apps der Fall.

Möchten Sie hingegen eine Produkt-App oder eine App für die hausinterne Prozessoptimierung, die auch losgelöst von Ihrem Marketing eine Existenzberechtigung hat, kann es sinnvoll sein, diese von Ihren Kampagnen getrennt entwickeln zu lassen. Für Full-Service-Agenturen sind in der Regel auch nur Full-Service-

Aufträge wirklich interessant, die spezialisierte Software-Entwicklung, sofern sie überhaupt angeboten wird, fristet dort oft ein Nischendasein.

12.3 Spezial-Anbieter

Mit dem Erfolgszug der App-Stores hat auch die Anzahl der auf Apps speziali-sierten Software-Entwicklungshäuser zugenommen. Insbesondere was die native App-Entwicklung angeht gibt es eine Reihe von hochspezialisierten kleineren An-bietern, denen Sie Ihre App-Entwicklung anvertrauen können. Naturgemäß sind viele dieser Unternehmen meist erst einige Jahre am Markt, da die Nachfrage an mobilen Apps vor der Smartphone-Ära vergleichsweise eingeschränkt und die Ver-breitungskanäle für mobile Software stark reglementiert waren.

Wenn Sie eine native App erstellen lassen wollen, aber keinen Bedarf an ei-ner weitergehenden Kampagne haben, fahren Sie mit einem Spezial-Anbieter vermutlich am besten, denn Ihr Anliegen ist dessen Kerngeschäft und wird dem-entsprechend priorisiert. Ein guter Anbieter wird Sie bei dem kompletten Prozess der App-Entwicklung unterstützen, von der Planung bis in den App-Store. Da es sich im Vergleich zum Beispiel zu einer Full-Service-Agentur oftmals um kleinere Unternehmen handelt, ist es besonders sinnvoll, sich die bisherigen Projekte und Kunden der Anbieter anzuschauen, um zu ermitteln, ob die notwendigen Fähigkei-ten vorhanden sind.

12.4 Freelancer

Zu guter Letzt gibt es auch eine Reihe von sehr guten „Einzelkämpfern", die Ihre Projekte umsetzen können. Allerdings sind diese mitunter schwer zu finden, da die oben genannten Unternehmen auch auf sie zurückgreifen, um Spezialfähigkei-ten ins Team zu holen oder um Ressourcen-Engpässe zu umgehen und somit der Arbeitsmarkt weitgehend leergefegt ist. Wenn Sie das Glück haben, an einen guten Freelancer zu gelangen, können Sie Ihre App unter Umständen günstiger umset-zen, da dieser einen günstigeren Stundensatz anbieten kann. Viele arbeiten bei-spielsweise von zu Hause aus oder sogar direkt beim Kunden und sparen dadurch das Anmieten und den Betrieb eines Büros. Und auch steuerlich können die Frei-berufler für sich punkten. Allerdings soll auch nicht verschwiegen werden, dass Sie vereinzelt Gefahr laufen, an ein schwarzes Schaf zu gelangen, das seine Fähig-keiten überschätzt und Ihnen nicht Qualität und Timing in der Form liefern kann, die Sie benötigen. Dies gilt zwar auch für Unternehmen, aber immerhin hängt Ihr

Schicksal damit nicht an einer einzelnen Person. Sollte Ihre App komplizierter sein oder höhere Ansprüche an das Design oder die Benutzerführung haben, müssen Sie in der Regel mehr als nur einen Freelancer engagieren und somit auch die Zusammenarbeit des Teams koordinieren. Vermutlich sind Sie in diesem Fall mit einer Agentur oder einem Spezial-Anbieter besser beraten.

Briefing des Dienstleisters 13

Sobald Sie sich mit den Informationen aus dem vergangenen Kapitel für einen oder mehre infrage kommende Dienstleister entschieden haben, gilt es, diese von Ihren Wünschen und Anforderungen in Kenntnis zu setzen, man spricht auch vom „Briefing".

Das Ziel des Briefings ist, den Dienstleister in die Lage zu versetzen, Ihr Vorhaben evaluieren und vor allem bepreisen zu können. Als Antwort erhalten Sie, manchmal nach einigen Runden des Informationsaustausches, ein Angebot über die Realisierung Ihres Vorhabens.

Damit der jeweilige Dienstleister seinen Teil der Aufgabe erledigen kann, benötigt er eine Reihe von Informationen von Ihnen. Welche Informationen dies genau sind, hängt zum Teil von der Art der App ab, die Sie beauftragen wollen, und von Art und Umfang der von Ihnen erwarteten Dienstleistung über die eigentliche App hinaus. Einige Anhaltspunkte können Sie aber der folgenden Auflistung entnehmen:

13.1 Angebot und Positionierung

Gehen Sie zunächst davon aus, dass der Dienstleister nicht allzuviel über Sie und Ihre Branche weiß. Um den Rahmen besser abstecken zu können und Sie besser beraten zu können, muss der Dienstleister daher so viel wie möglich von Ihnen mit auf den Weg bekommen. Zum Beispiel, wie Sie sich und Ihre Produkte positionieren, was Ihre Alleinstellungsmerkmale sind und was Ihr Angebot?

© Springer Fachmedien Wiesbaden 2015   43
M. Tosic, *Apps für KMU*, essentials, DOI 10.1007/978-3-658-10537-2_13

13.2 Markt

Schildern Sie auch, was Ihr Markt ist: Wer kauft Ihre Produkte oder nimmt Ihre Dienstleistung in Anspruch, wer nicht? Wer sind Ihre Wettbewerber, wie groß ist der jeweilige Marktanteil? Je mehr Sie dem Anbieter über Ihre Branche und Ihre Positionierung mitteilen, desto besser kann dieser Sie beraten.

13.3 Anforderungen

Selbstverständlich gehört zum Briefing auch das von Ihnen erstellte Lastenheft mit den zuvor ermittelten Zielen und Anforderungen.

Machen Sie auch deutlich, wie die Ziele durch die App verfolgt werden sollen und wie Sie diesen Erfolg messen wollen.

13.4 Timing

Teilen Sie Ihren Dienstleistern immer das von Ihnen gewünschte Timing mit und achten Sie darauf, dass Sie genug Zeit für die Angebotserstellung zur Verfügung stellen und natürlich auch für die Durchführung im Anschluss. Bei größeren Aufträgen wollen Sie vermutlich auch Milestones festlegen, bei denen zum Beispiel Präsentationen von Zwischenschritten stattfinden können.

Generell sind die Dienstleister aus der App-Branche eher gut bis sehr gut ausgelastet. Wenn Sie zu wenig Zeit bereitstellen, werden einige Dienstleister Ihre Anfrage direkt ablehnen müssen.

13.5 Budget

Sie sollten den Dienstleistern ebenfalls nicht verschweigen, wie hoch das Budget ist, dass Sie eingeplant haben, zumindest in der Größenordnung. Gerade dieser Punkt wird oft in der Hoffnung verschwiegen, dass die verschiedenen Anbieter sich im Preis unterbieten. Sie wollen aber in der Regel nicht das billigste Angebot, sonder jenes, dass mit den von Ihnen bereitgestellten finanziellen Mitteln Ihre Anforderungen am besten erfüllt.

Wenn Sie den Rest des Buches nicht außer Acht lassen und somit ein ordentliches Briefing vorlegen, haben Sie eine viel größere Chance, mit dem bereitgestellten Geld das optimale Ergebnis zu erhalten. Geben Sie dazu auch etwas Spielraum in den Anforderungen und Zielen, beispielsweise indem Sie diese priorisieren. So kann der Dienstleister auch seine Erfahrungen mit einbringen und Sie bei der optimalen Umsetzung unterstützen.

Das eigentliche Briefing findet am besten in Form eines Meetings oder eines Telefonats statt. Um effizient zu briefen, sollten Sie im Vorfeld bereits per Telefon abgeklärt haben, welcher der infrage kommenden Dienstleister an dem Briefing teilnehmen möchte.

Vereinbaren Sie mit den übrigen Bewerbern jeweils einen Termin und schicken Sie die Briefingunterlagen frühzeitig zu, damit diese sich mit Ihrer Spezifikation vertraut machen können.

Die Zeit im Meeting können Sie dann gezielt dazu nutzen, sicherzustellen, dass alle Beteiligten dieselbe Vorstellung der zu lösenden Aufgabe haben und dass keine Fragen offen bleiben.

Als Ergebnis des Briefingprozesses sollten Sie nach einiger Zeit von den am Briefing beteiligten Dienstleistern ein Angebot erhalten, wie und zu welchem Preis diese jeweils Ihr App-Projekt umzusetzen gedenken.

Nachdem Sie sich für eines der Angebote entschieden und dieses beauftragt haben, vergessen Sie nicht, gegebenenfalls den restlichen Kandidaten abzusagen. Ein individuelles Angebot zu erstellen, ist eine Menge Arbeit und daher gehört es zum guten Ton, eine Absage auch mitzuteilen. So stellen Sie auch sicher, dass Ihre nächste Anfrage nicht direkt ungelesen in der Mülltonne landet.

Umsetzung – vom Konzept zum App Store

14

Wenn Sie nach erfolgreichem Briefing den Auftrag vergeben haben, macht sich Ihr Dienstleister nun an die Arbeit.

Die Art und Weise wie Dienstleister die Aufträge abwickeln, ist sehr unterschiedlich und letztendlich das „Erfolgsgeheimnis" des jeweiligen Unternehmens. Es lassen sich jedoch einige Phasen ausmachen, die viele Projektabwicklungen gemeinsam haben:

14.1 Spezifikationsphase

Bevor etwas gemacht werden kann, müssen alle Beteiligten wissen, was überhaupt zu tun ist. Einen großen Teil der Aufgabe müssen Sie übernehmen, denn nur Sie können letztendlich bestimmen, was die Ziele der zu erstellenden App sind. Aber auch der Dienstleister hat hier einiges zu tun, denn er muss mit seinem Know-How festlegen, wie, also mit welchen Mitteln er diese Ziele für Sie verfolgen möchte.

Die zuvor beschriebene Zielfindung und Anforderungsanalyse, gegebenenfalls mit Lastenhefterstellung, sind Teil dieser Phase. Darüber hinaus kann von Seiten des Dienstleisters weitere Spezifikationsarbeit notwendig werden, insbesondere bei komplexeren Aufgabenstellungen. So ist möglicherweise die Erstellung eines Pflichtenhefts sinnvoll, in dem vom Dienstleister die Art und Weise festgehalten wird, wie die im Lastenheft beschriebenen Anforderungen erfüllt werden. Im kreativen Bereich wird alternativ oder ergänzend eine Konzeptionsphase stattfinden, in der in der Regel eine visuelle Version der Spezifikation erfolgt, zum Beispiel in Form von graphischen Entwürfen, die einem Screenshot der späteren App schon sehr nahe kommen.

© Springer Fachmedien Wiesbaden 2015
M. Tosic, *Apps für KMU*, essentials, DOI 10.1007/978-3-658-10537-2_14

Unterschieden wird hierbei oft das User Experience-Design vom Grafikdesign: Das User Experience-Design beschäftigt sich mit dem Benutzer-Erlebnis, also zum Beispiel mit Fragen wie:

- Wie fügt sich die App in das Leben des Benutzers ein?
- Wie wird die darzustellende Information sinnvoll aufgeteilt?
- Wie ist die optimale Benutzerführung?
- Welche Bedienkonzepte sind für die App am sinnvollsten?

Das UX-Design wird oftmals in Form von sogenannten Wireframe-Grafiken festgehalten. Die Idee ist, die oben beschriebenen Inhalte abgelöst von der grafischen Gestaltung zu diskutieren. Aus diesem Grund sind Wireframes auch oftmals extra schlicht gehalten, meist nur schwarz-weiß, Bilder und Text lediglich angedeutet. Dies erleichtert die Konzentration auf die Struktur der App, ohne sich beispielsweise von der Farbauswahl ablenken zu lassen. Diese ist zwar ebenso wichtig, wird aber am besten getrennt betrachtet.

Beim Grafikdesign geht es hingegen um die optische Gestaltung und die grafische Lösung der gestellten Aufgaben. Dies geht weit über die Herausforderung hinaus, die App nur „schön" zu machen oder farblich an Ihre Corporate Identity anzupassen. Beispielsweise müssen medizinische (z. B. Rot-Grün-Sehschwäche) und soziokulturelle Aspekte berücksichtigt werden (unterschiedliche Bedeutung der Farben nach Region). Aber auch die richtige Gestaltung von Piktogrammen (den kleinen Bildchen auf den Knöpfen der App) ist eine nicht zu unterschätzende Aufgabe des Grafikdesigners. Mit der richtigen „Bildsprache" wird Ihre App nicht nur hübscher, sondern auch besser bedienbar.

14.2 Implementierungsphase

Im zweiten Entwicklungs-Abschnitt gilt es, die Spezifikation in lauffähige Programme umzusetzen. Je nachdem, ob eine Web App oder eine native App entsteht, sind verschiedene Fähigkeiten der Programmierer gefragt. Aber auch Designer sind in dieser Phase notwendig, damit alles vonstatten geht. Bei größeren Projekten kann es einen Sinn ergeben, für die Koordination einen Projektleiter abzustellen.

Im Falle von nativen Apps sind folgende Entwickler am Werk:

- Objective-C- und Swift-Programmierer mit Spezialisierung auf Cocoa Touch entwickeln iOS Apps.
- Java-Entwickler, die sich auf das Android SDK spezialisiert haben, entwickeln Android Apps.

- C#-Programmierer mit Spezialisierung für Windows Mobile entwicklen Windows Phone Apps

Im Falle von Web Apps kommen JavaScript-Entwickler zum Zuge, bei Hybrid Apps unter Umständen alle der zuvor genannten Spezialisten. Gleichzeitig sind Grafikdesigner mit Spezialisierung auf Screendesign bzw. App-Design damit beschäftigt, die Entwürfe aus der Spezifikationsphase in das passende Format für die Programmierung zu bringen. Sie merken schon, es bedarf einer ganzen Menge Menschen mit sehr speziellen Fähigkeiten, um eine App umzusetzen.

14.3 Qualitätssicherungsphase

Oft vernachlässigt, aber ungemein wichtig, ist die Qualitätssicherungsphase. Zunächst wird von einem Spezialisten ein Testplan erstellt, der möglichst die gesamten Anforderungen der App abdeckt. Dieser Testplan wird im Idealfall nun nach jeder Änderung an der Software angepasst und abgearbeitet, und zwar auf jedem erdenklichen Gerät in jeder erdenklichen Betriebssystem-Version.

Nun, dieser Idealfall ist in der Praxis nicht wirklich praktikabel, da der Aufwand hierfür insbesondere für KMU nicht tragbar und auch nicht wirtschaftlich sinnvoll ist. Nun aber ganz auf eine Qualitätssicherung zu verzichten, ist auch nicht ratsam. Schauen Sie sich hierzu einmal in den Kommentar-Bereichen der App Stores um: Apps, die abstürzen, kommen hier gar nicht gut weg.

Aber ist eine App, die abstürzt, nicht ein Zeichen für einen schlechten Entwickler? Nun, nicht unbedingt. Einige Abstürze gehen sicherlich auf das Konto eines unachtsamen Entwicklers. Die Realität ist nun mal, dass Menschen Fehler machen, das gilt für so hochkomplexe Aufgaben wie die Software-Entwicklung erst recht. Einige Probleme sind jedoch Fehler der Betriebssysteme selbst. Hier muss der Entwickler also eine fehlerhafte Programmierung in einer Version eines Betriebssystems „umschiffen", um einen Absturz zu vermeiden. Hat er das exakt selbe Gerät in der exakt selben Version aber nicht für die Tests während der Entwicklung zur Hand, kann er den Fehler gar nicht finden.

Das Ziel muss also sein, Fehler, die auftreten können – aus welchen Gründen auch immer – zu entdecken und zu beheben, bevor die App veröffentlicht wird und es somit zu negativen Kritiken kommen kann.

Da wir von einem begrenzten Budget ausgehen müssen, kann der sinnvolle Weg nur lauten, auf den am weitesten verbreiteten Geräten zu testen und die auftretenden Defekte für diese Geräte zu beseitigen. Am besten einigen Sie sich noch vor der Implementierungsphase auf eine Auswahl an Geräten, die für Sie entscheidend sind.

▶ Im Falle von iOS sollten Sie mindestens die aktuelle Version auf den
   aktuellen iPhones bzw. iPads testen lassen. Dies ist eine vergleichsweise
   überschaubare Testmenge. Im Falle von Android sieht das schon anders
   aus. Hier müssen Sie aufgrund der unüberschaubaren Anzahl von Herstellern und Geräten eine Auswahl treffen. Fangen Sie mit den aktuellen
   Bestsellern an und passen Sie die Auswahl im Laufe der Zeit an die Feh-
   lerreports, die Sie erhalten, an.

Oftmals ist es lohnenswert, die Qualitätssicherungsphase mit einer sogenannten Beta-Test-Phase abzuschließen. Bei einem Beta-Test wird die als fertig eingestufte Software zunächst nur einigen ausgewählten Benutzern zugänglich gemacht, die im Gegenzug für den exklusiven Zugang verstärkt auf Fehler achten und diese auch an Sie melden. Dadurch können erste Alltagserfahrungen mit der App gesammelt und ausgewertet werden, ohne dass die Gefahr besteht, durch schlechte Benutzerberwertungen in der Öffentlichkeit an Traktion zu verlieren.

Veröffentlichung der App/das Release   15

Sie haben investiert und einen großen Teil der Strecke zurückgelegt, Ihre App nähert sich der Fertigstellung. Ungeschickt wäre es nun, den letzten, wichtigen Schritt ungeplant vonstatten gehen zu lassen, denn auch hier kann einiges schief gehen.

Am besten nehmen Sie sich also bereits geraume Zeit vor der Fertigstellung etwas Zeit, um die Veröffentlichung zu planen und vorzubereiten. Wichtige Punkte, die Sie nicht vergessen sollten sind:

- App Store Reviews: Hierhinter verbirgt sich der Test von eingereichten Apps nach gewissen Kriterien durch die Betreiber der App Stores. Federführend ist hier Apple, die zwar Richtlinien veröffentlichen, nach welchen Kriterien Apps vom Angebot ausgeschlossen werden, die aber keineswegs ohne Interpretationsspielraum sind. In der Regel sind die professionellen Dienstleister mit den sich laufend ändernden Regeln weitestgehend vertraut und machen Sie auf eine Gefährdung aus dieser Richtung aufmerksam. Neben der Gefahr, gar nicht in den App Store zu gelangen, müssen Sie aber auch die Verzögerung durch den Review-Prozess einkalkulieren. Es ist nicht ungewöhnlich, dass von Einreichung bis Beurteilung 8–12 Tage vergehen, da jede App tatsächlich neben automatisierten Tests auch von Menschen begutachtet wird. Dies dauert je nach Auslastung mal länger und mal weniger lange.
- Marketing: In fast allen Fällen wird niemand von alleine auf Ihre App aufmerksam. Die Zeiten, in denen ohne Marketingüberlegungen mit einer App Geld verdient werden konnte, sind schon seit einigen Jahren vorbei. Sie müssen also auf Ihre App aufmerksam machen. Je nachdem, um was für eine App es sich handelt, ist es wahrscheinlich sinnvoll, bereits vor dem Release-Termin damit anzufangen. Möchten Sie beispielsweise eine Webseite zu Werbezwecken für die App einsetzen, so muss diese natürlich erst erstellt werden, was einige Zeit

© Springer Fachmedien Wiesbaden 2015
M. Tosic, *Apps für KMU*, essentials, DOI 10.1007/978-3-658-10537-2_15

in Anspruch nimmt. Wenn Sie PR für Ihre App machen wollen, gilt es entsprechende Texte zu verfassen und eine Empfängerliste zusammenzustellen. Wie so
oft gilt auch hier: Sie müssen etwas Geld in die Hand nehmen oder Zeit investieren, meistens beides. Denken Sie über den optimalen Preis nach. Viele Apps
werden umsonst angeboten, ist das in Ihrem Fall richtig oder falsch? In welcher
Rubrik soll die App im App Store erscheinen? Positionieren Sie die App unter
„Produktivität" oder unter „Wirtschaft"?

- Der Release-Termin: Timing is everything! Nehmen Sie sich einen Moment
  zu überlegen, wann Ihre App am sinnvollsten erscheinen soll. Schauen Sie in
  den Kalender und recherchieren Sie, ob zum gewünschten Zeitpunkt Ereignisse
  stattfinden, die Aufmerksamkeit von Ihrer App weglenken oder zu Ihr hin. Wie
  reagieren eventuelle Mitbewerber auf das Event? Ist mit konkurrierenden Ver-
  öffentlichungen zu rechnen, die in der Lage sind, Ihnen die Show zu stehlen?
  Nichts ist ärgerlicher, als sich die Arbeit zu machen, eine gute Marketingkam-
  pagne zu planen, nur um dann von einem Großevent begraben zu werden.

Sie sehen schon, es gibt einiges zu beachten und die Liste ist bei weitem nicht
vollständig. Betrachten Sie das Release immer als eine Art Kampagne und nicht
einfach als Datum, an dem Ihre App zufällig fertig wurde.

Überprüfung der Zielsetzung – ROI 16

Ihre App ist nun im Store und die Benutzer laden sie fleißig auf ihre Smartphones und tappen drauf los. Nun ist der spannende Moment gekommen, zu überprüfen, ob Ihre Erwartungen an die App gerechtfertigt waren und ob Ihre Marketing-Strategie aufgegangen ist.

Gemäß dem Kapitel „Erfolgsmessung" haben Sie sich bereits damit beschäftigt, welche Daten Sie von der App aufzeichnen lassen wollen, um die im Kapitel „Zielsetzung der App" festgelegten Ziele der App zu überprüfen. Nun gilt es, die gemessenen Daten und die Ziele zu überprüfen. Wichtig ist, dass Sie bereits eine gewisse Menge an Benutzern haben, bevor Sie zu viel in die Daten hineininterpretieren. Wir begeben uns hier in das Feld der Statistik, denn Sie zeichnen ja die Daten nicht personengebunden auf, und müssen uns somit Gedanken zur Signifikanz der Aussagen machen, die wir aus den gemessenen Daten herauslesen.

Gerade im Falle von KMU sollten Sie nicht unbedingt sofort einen Statistiker beauftragen, die Messergebnisse auszuwerten. Aber lassen Sie gesunden Menschenverstand walten, wenn Sie die Ergebnisse lesen. Wenn beispielsweise von 10 Benutzern keiner den „Teilen" Knopf betätigt, brauchen Sie sich noch keine Sorgen zu machen. Wenn von 1.000.000 Benutzern 150 den Knopf betätigen, kann das schon ärgerlich sein – es sei denn, es sind die richtigen. Vergleichen Sie dies auf jeden Fall mit den bei der Zielsetzung und Planung in Zahlen festgehaltenen Zielvorgaben, um eine Bewertung vorzunehmen.

Schauen Sie nicht nur einmal in die Auswertung, tun Sie dies regelmäßig. Anders können Sie keine Trends erkennen und eine einzelne Stichprobe kann mehr schaden als nutzen. Damit Sie aber in der Lage sind, die Änderung der Zahlen über die Zeit auch aussagekräftig zu bewerten, ist es wichtig, dass die Abstände zwischen den Auswertungen gleich sind. Sprich: Vergleichen Sie nicht Äpel mit Birnen bzw. Wochen mit Monaten.

© Springer Fachmedien Wiesbaden 2015
M. Tosic, *Apps für KMU*, essentials, DOI 10.1007/978-3-658-10537-2_16

Werten Sie die Daten nun aus und vergleichen Sie Ihr Ergebnis mit Ihren Erwartungen. Haben Sie eins oder mehrere Ihrer Ziele erreicht? Wunderbar! Herzlichen Glückwunsch. Wahrscheinlicher ist jedoch, dass im ersten Moment eine gewisse Ernüchterung einsetzt. Direkt im ersten Wurf den großen Coup zu landen, ist eher selten. Viel wahrscheinlicher haben Sie einige Ihrer Ziele nur zum Teil erreicht. Stellen Sie sich die folgenden Fragen:

- Waren Ihre Ziele realistisch?
- Haben Sie aussagekräftig gemessen?
- Warum wurden einige Ziele nicht erreicht?
- Was kann verbessert werden, um den wichtigen Zielen näher zu kommen?

Mit den gewonnenen Erkenntnissen können Sie Ihre App nun verbessern. Stellen Sie beispielsweise fest, dass niemand die Anmeldung zu Ihrem Newsletter in der App abschließt, obwohl viele Benutzer die Anmeldung anfangen, so haben Sie Grund zu der Annahme, dass Sie bei der Anmeldung etwas im Ablauf verbessern können. Gehen Sie so Punkt für Punkt durch und erarbeiten Sie einen Schlachtplan für das weitere Vorgehen.

Aber seien sie auch ganz ehrlich zu sich: Manchmal setzt man einfach aufs falsche Pferd. Haben Sie alle Tipps aus diesem Buch befolgt und trotzdem benutzt niemand Ihre App, machen Sie einen Haken an die Sache und starten Sie mit einer anderen, frischen Idee. Am Ende haben immer die Benutzer recht.

Pflege und Wartung der Apps 17

Damit Ihre App nicht zur Eintagsfliege wird, ist es in der Regel notwendig, ihr von Zeit zu Zeit ein wenig Pflege angedeihen zu lassen. Durch die stetigen neuen Versionen der Smartphone-Betriebssysteme kann es immer wieder mal vorkommen, dass Ihre App an der ein oder anderen Stelle nicht optimal funktioniert. Das gilt umso mehr für die Vielzahl neuer Geräte, die jeden Monat das Licht der Welt erblicken und auf denen Ihre App auch mit der besten Qualitätssicherung bisher nicht getestet werden konnte. Kurzum: Damit Ihre App ein Hit wird und bleibt, muss sie von Zeit zu Zeit gewartet werden.

Erfahrungsgemäß kommt es bei den Benutzern sehr gut an, wenn sie neben dem Mehrwert der stetigen Lauffähigkeit ab und an auch mit neuen Funktionen oder frischen Designs überrascht werden. Apps, die regelmäßig aktualisiert und erweitert werden, können einen Benutzer sehr lange begleiten. Es erhöht die Wahrscheinlichkeit, dass Ihre App weiterempfohlen wird und somit eine natürliche, organische Verbreitung erfährt und Sie letztendlich Ihre Ziele erreichen. Im Idealfall wird Ihre App in einem iterativen Prozess, dem in Abb. 17.1 dargestellten „App-Lifecycle", stetig verbessert und aktualisiert.

Natürlich kommt die Wartung mit einem Preisschild daher. Sie müssen also in Ihrem Jahresbudget den entsprechenden Betrag am besten schon miteingeplant haben. Manche Dienstleister bieten Ihnen von vornherein einen Wartungsvertrag an. Ob sich dieser für Sie lohnt, müssen Sie von Angebot zu Angebot überprüfen. Die Vermutung liegt nahe, dass sie nicht günstiger sein können, als eine individuelle Beauftragung im Bedarfsfall. Denn die Dienstleister müssen ihre Kosten für schwer vorhersehbare Fälle mit einem guten Puffer versehen, um das Risiko der Unwirtschaftlichkeit einzugrenzen. Allerdings steht dem der Vorteil gegenüber, dass Sie fürs Notwendigste einen festen Preis budgetieren können und sich nicht erneut um die Beauftragung kümmern müssen.

© Springer Fachmedien Wiesbaden 2015   55
M. Tosic, *Apps für KMU*, essentials, DOI 10.1007/978-3-658-10537-2_17

Abb. 17.1 App-Lifecycle

Was Sie aus diesem Essential mitnehmen können

- Eine praktische Übersicht über alles, was man als Auftraggeber über die Anwendung und Erstellung von Apps wissen sollte.
- Eine konkrete Hilfestellung zur Beantwortung der Frage: Ist eine App für mein Unternehmen sinnvoll?
- Klare Vorgaben, welche Arbeiten man als Auftraggeber erfüllen sollte, bevor man einen Dienstleister ins Boot holt.
- Eine Übersicht über die Kostenfaktoren der App-Erstellung und -Pflege
- Einen Leitfaden von der Idee bis zur Vermarktung der App.

© Springer Fachmedien Wiesbaden 2015   57
M. Tosic, *Apps für KMU,* essentials, DOI 10.1007/978-3-658-10537-2

Literaturverzeichnis/„Zum Weiterlesen"

Kreutzer, R. T. (2014). *Praxisorientiertes Online-Marketing* (2. Aufl). Wiesbaden: Springer.

Mroz, R. (2013). App-Marketing für iPhone und Android: Planung, Konzeption, Vermarktung von Apps im Mobile Business. mitp.

Pohl, K., & Rupp, C. (2009). *Basiswissen Requirements Engineering*. Heidelberg: dpunkt.

© Springer Fachmedien Wiesbaden 2015   59
M. Tosic, *Apps für KMU*, essentials, DOI 10.1007/978-3-658-10537-2

Printed in the United States
By Bookmasters